HISTOIRE

DE LA

CONSPIRATION

DE SAUMUR.

MORT DU GÉNÉRAL BERTON

ET DE SES CO-ACCUSÉS,

Condamnés par la Cour d'assises de Poitiers, le 28 septembre 1822, et exécutés le 6 et le 7 octobre suivant.

PRÉCIS HISTORIQUE

De ce jugement et de ses résultats si on eut réussi dans ce vaste projet.

PAR LE COLONEL GAUCHAIS,

Commandant de la Légion-d'Honneur, condamné à mort dans cette affaire comme ayant tout conduit dans l'Ouest, étant chargé de cette partie de la France par le comité directeur.

Quorum magna fui.

Dédié aux patriotes de tous les pays.

PARIS,

CHEZ L'AUTEUR, RUE SAINT-PIERRE-MONTMARTRE, N. 8.
D'AUBRÉ, LIBRAIRE, PASSAGE VIVIENNE, N. 46.
DELAUNEY, LIBRAIRE, PALAIS-ROYAL.
Vᵉ CHARLES BÉCHET, QUAI DES AUGUSTINS, N. 59.

1832.

AVANT-PROPOS.

A la nature de cet ouvrage, à son titre même, ainsi qu'au nom de l'historien , le lecteur aura compris d'abord que ceci n'est point une œuvre d'art et d'imagination où les fictions plus ou moins heureuses de l'écrivain se déguisent sous les artifices d'un style fleuri et prétentieux. C'est le simple récit d'un vieux soldat qui, dans sa retraite, s'est plu à retracer, pour les donner au public, les détails d'une conspiration destinée à intéresser toutes les âmes vraiment patriotes. L'on me saura gré sans doute de ma franchise , car j'ai écrit seulement ce que j'ai vu et rien de plus, dédaignant ainsi une foule de circonstances déjà connues, à l'aide desquelles j'eusse fait très facilement un second volume.

On devra donc ne considérer ce livre que comme un rapport circonstancié de l'entreprise du général Berton, à laquelle s'étaient ralliés un très grand nombre de libéraux, dans le généreux dessein de briser la tyrannie sous laquelle gémissait la France; entreprise qui, si elle eût été couronnée de succès, nous eût amenés, dix ans plus tôt, au résultat heureux des trois grandes journées.

Ce peu de mots suffiront, j'ose l'espérer, pour désarmer la critique, qui ne saurait d'ailleurs atteindre, avec fondement, que ceux qui s'en rendent justiciables par leurs prétentions ambitieuses ; je réclame donc son indulgence, bien convaincu qu'elle ne peut manquer ni à mon âge , ni à mes anciens services, comme soldat , et moins encore aux infortunes de tout genre que m'a fait éprouver mon patriotisme qui ne s'est jamais démenti.

PREMIÈRE PARTIE.

SOCIÉTÉS SECRÈTES.

Lorsque le célèbre député Manuel fit entendre, du haut de la tribune nationale, ces paroles remarquables : « La France n'a vu entrer les Bourbons qu'avec répugnance, » il se montra, en ce moment comme toujours, le fidèle interprète de tous les vrais Français.

Cette déplorable famille avait été jugée, en effet, et sainement appréciée dès les premiers pas qu'il lui avait été permis de faire sur le sol de notre belle et malheureuse patrie. Toute liberté devait périr, tôt ou tard, sous sa funeste influence, à moins qu'un généreux effort ne délivrât pour toujours la France de ce produit impur de l'intervention étrangère. Ce fut la conscience de cette vérité qui, réunissant, dans un même but, une foule de nobles efforts, donna, dès les premiers temps de la seconde restauration, un élan nouveau et une autre forme à l'ancienne Société des Philadelphes, Société dont les affiliés étaient en très grand nombre, tant en

France, et surtout dans l'armée, que dans les divers royaumes de l'Europe.

Le colonel Oudet avait été censeur de cette union toute patriotique, qui avait ses synodes et ses questeurs : elle était présidée par un archonte dans chaque synode.

Oudet était un homme extraordinairement remarquable par l'énergie de son caractère ; il possédait les connaissances les plus étendues, et joignait au physique le plus noble, à la taille la plus majestueuse, toutes les qualités du cœur et de l'esprit : aimant la liberté par-dessus toute chose, il pensait que le gouvernement républicain pouvait seul faire le bonheur des peuples.

Sous Napoléon, même, les Philadelphes étaient devenus si puissans, qu'ils auraient pu le déposer, s'ils n'avaient craint que sa chute n'eût de dangereux résultats pour la France ; mais les désastres de Moscou, au milieu desquels l'on pouvait presque assurer que l'Empereur était mort, firent concevoir au généreux Mallet cette patriotique pensée de sauver son pays du joug tyrannique qui l'accablait. C'est faussement qu'on a prétendu qu'il travaillait pour les Bourbons ; la république était la seule idole de son âme et l'unique but de son entreprise. J'étais d'ailleurs son intime ami, et il n'avait pas craint de me consulter sur son hardi projet.

Cet homme, à jamais célèbre, succomba par une fatalité inouïe; mais il mourut en héros, sans faire de lâches aveux, qui eussent pu compromettre un très grand nombre de citoyens depuis long-temps attachés à sa fortune, et qui étaient dans le secret de ses généreux desseins. Il fut fusillé en 1812, avec treize de ses braves compagnons.

Le général Mallet était un excellent militaire, criblé d'honorables blessures, d'une bravoure à toute épreuve, entièrement dévoué à la gloire et à l'indépendance de son pays. Il pensait, ainsi que le colonel Oudet et tous les amis de la liberté, que lorsque la tyrannie pèse sur un peuple, il peut avoir recours à tous les moyens pour s'en affranchir sans aucun retard, et n'être pas plus long-temps victime d'un pouvoir qui, s'il venait à se fortifier, amènerait son asservissement illimité.

Les divers actes du gouvernement des Bourbons justifièrent bientôt les craintes si légitimes que leur rentrée, sous l'appui des baïonnettes étrangères, avait fait d'abord concevoir. Proscription des têtes les plus illustres, exil des meilleurs citoyens, vieux soldats livrés à une misère inévitable, arsenaux dévastés, provinces abandonnées sans aucun souci de la gloire et de l'indépendance nationales, millions jetés à nos prétendus alliés, pour prix de leur intervention; tels furent les prémices de cette exécrable domination, qui, trop long-temps prolongée, à notre honte, devait se terminer par un parjure, et le plus épouvantable massacre dont fassent mention les annales d'aucune nation.

Pour prévenir de plus grands malheurs et arrêter le mal dans son principe, une foule de vieux patriotes se souvinrent des Sociétés secrètes, qui jadis avaient existé en France. Ils mirent en commun leurs efforts, et bientôt, de la Société des Philadelphes, sortit l'affiliation des Carbonari, déjà en vigueur en Italie, et qui, en peu de temps, prit en France un tel accroissement, que chacun regardait comme un devoir et un honneur d'y être admis. Elle fut donc mise en activité, ayant pour principal but de renverser d'abord le despotisme abrutissant des Bourbons, et quant à l'avenir, ne reconnaissant d'autre gouvernement que la république, comme étant celui qui offre le plus de garanties aux hommes, pour leur bonheur et l'exercice de leurs droits de citoyens.

Je ne m'étendrai point sur l'organisation de cette Société si nombreuse et si étendue; il n'y a que ceux qui en font partie qui peuvent me comprendre....

Pour y être reçu, il fallait offrir une moralité à toute épreuve, et une conduite sans reproches. On exigeait de plus que chaque affilié fût armé d'un fusil de munition et de cartouches en cas de besoin, et qu'il se tînt toujours prêt à agir dans l'intérêt de la patrie et de la liberté.

Indépendamment de cette Société, il s'en était formée une autre sous le nom de *Chevaliers de la liberté*, qui aurait pu être regardée comme le recrutement des *Carbonari*, afin de s'assurer d'eux au premier moment favorable.

Ces affiliations devinrent si nombreuses, qu'il eût été impossible d'en connaître les ramifications, par la facilité que l'on mettait à recevoir ceux qui se présentaient. Il suffisait d'être garanti par un des membres déjà connus, et de prêter le serment de ne jamais en révéler le but ; et, chose remarquable, au milieu d'un si grand concours de gens de tous les âges comme de toutes les conditions, nulle indiscrétion, même la plus légère, n'a, dans aucun temps, donné l'éveil à une autorité inquiète et soupçonneuse par nature ; tant il est vrai que l'honneur et le sentiment de sa dignité comme de ses devoirs furent toujours l'apanage de cœurs véritablement patriotes.

Il y a eu encore, avant la rentrée des Bourbons, et du temps des Philadelphes, une autre Société qui étendait ses ramifications tant en France, et surtout dans l'armée, qu'en Italie et en Allemagne ; elle se nommait les *Cœurs-Francs*. Je crois que c'est elle-même qui a fait crouler la domination autrichienne dans le Tyrol. Le principe de son institution était le même que celui des Sociétés Philadelphiques, des Carbonari, et des Chevaliers de la liberté ; son but, le renversement de toute tyrannie. Je pense qu'elle existe encore, très nombreuse et sur les mêmes bases.

Ainsi organisées, et aboutissant à un centre commun, ces diverses unions patriotiques furent bientôt assez fortes dans les divers royaumes de l'Europe, et surtout en France. Il importait peu que ce fût dans tel pays ou dans tel autre ; l'essentiel était d'abord de réussir sur un point, pour que l'embrâsement s'étendît ensuite avec la rapidité du fluide électrique.

Lorsqu'on jugea que le moment était arrivé, les premières tentatives eurent lieu du côté de l'Espagne, mais elles furent infructueuses, et plusieurs braves devinrent les victimes de leur noble dévouement. De même à Béfort, où ils devaient s'attendre à un meilleur succès, les patriotes furent encore trompés dans leur attente, et de nouvelles victimes immolées. Marseille, Montbrissac, Colmar, Nantes, devinrent souvent témoins de semblables catastrophes. On connaît les braves citoyens qui ont été jugés et condamnés pour des entreprises si hardies.

Cependant, tant de calamités ne découragèrent pas les chefs, qui cherchèrent à porter le mouvement sur d'autres points. On songea aux départemens de l'Ouest, et Saumur fut désigné et choisi comme l'endroit le plus sûr et celui qui présentait le plus d'avantage par son château et son importante position sur la Loire. Il était facile de couper toutes communications et de s'emparer des routes de Poitiers, du Mans, de la Vendée, ainsi que de tant d'autres. On pouvait donc, avec d'aussi grandes chances de succès, espérer de faire triompher enfin la liberté et de consolider rapidement le gouvernement nouveau.

Les mesures étaient admirablement prises dans tous les départemens ; Paris, devenu le point central d'où découlaient toutes les instructions, et où arrivaient les divers rapports, était alternativement visité par chaque député des départemens, qui venait y recevoir le mot d'ordre et rendre compte de la force des conjurés qui étaient au nombre de plusieurs millions d'individus.

Afin de prouver que cette Société comptait : dans son sein les hommes les plus distingués, je n'en citerai que deux dont les noms seront toujours chers à la France, et qui, pour le malheur de la patrie, sont trop tôt descendus *dans l'immortel séjour des grands hommes* : ce sont les célèbres *Benjamin - Constant* et *Manuel*; leur souvenir nous arrache encore des larmes. Ils n'avaient d'autre but, d'autre ambition, ces orateurs illustres, que d'assurer le bonheur des peuples par un gouvernement de famille, où les citoyens pussent choisir tous leurs magistrats, et confier leurs intérêts à des mains fidèles, pures et désintéressées.

Je ne pourrais garantir que l'honorable général Foy fît partie de la Société ; mais, d'après son dévouement bien connu à l'indépendance et à la liberté de son pays, j'ai lieu de croire qu'il n'y resta point étranger.

Il y en a beaucoup d'autres encore que je pourrais nommer, qui dirigent aujourd'hui même les plus grandes opérations, et qui jouissent, à plus d'un titre, de l'estime publique, mais je m'arrête devant des considérations que comprendront aisément ceux qui savent pourquoi j'écris.

J'applaudirai seulement aux moyens adroits et courageux dont les députés se servaient, pour prendre, à Paris, les renseignemens nécessaires, afin que tout marchât d'un commun accord. Aussi, je ne crains pas d'affirmer que le succès eût à la fin couronné cette haute entreprise, si un moment d'oubli, de la part d'un des chefs, n'eût renversé en un clin-d'œil cet édifice, élevé à si grands frais.

Mais les rois ont beau faire pour consolider leur despotisme, ils n'en seront pas moins mis en défaut par l'instinct et l'habileté des peuples, qui, tôt ou tard, parviennent à secouer leur joug. Qu'ils se pénètrent donc bien de cette vérité, et qu'ils tremblent à chaque instant de leur vie, si leur manière de gouverner est contraire au sentiment national.

Et vous, Peuples, quand vous tiendrez, tenez bien, et ne vous laissez jamais abuser par les promesses fallacieuses des grands.

Qu'il me soit permis maintenant de dire quelques mots sur l'utilité des affiliations secrètes, et de rappeler l'influence qu'elles ont exercée, à toutes les époques, sur la marche des Sociétés humaines.

La Société des *Francs-Maçons* qui remonte à plusieurs siècles, n'a-t-elle pas rendu des services éminens, par son humanité, sa bienfaisance, ses lumières, surtout par son caractère d'indépendance que rien n'a pu ébranler?

Partout où elle a été établie, ses membres n'ont-ils pas trouvé appui, secours et protection? Ne s'occupe-t-elle pas journellement encore de soulager l'humanité souffrante? Mais ce qui la rend plus digne d'éloges, c'est qu'elle oblige sans faste et sans ostentation. Il en est bien autrement des aumônes que le luxe donne à la misère; c'est toujours en l'insultant qu'il accueille ses douleurs. La Société maçonnique est surtout recommandable, en ce sens qu'elle a toujours eu pour principes fondamentaux l'horreur de l'esclavage et l'amour de la liberté. Les lumières qu'elle a répandues chez les hommes n'ont pas peu contribué à les sortir de l'avilissement et de la servitude où ils étaient tombés, et cela, malgré des intrigues et des persécutions, trop nombreuses malheureusement pour l'honneur des divers gouvernemens qui se sont tour-à-tour succédé.

Les autres Sociétés sont moins anciennes, à la vérité, mais le choix des hommes qui les composaient ne les rendit pas moins intéressantes. Ce n'étaient ni le rang ni la fortune qui dictaient le choix des citoyens, c'étaient leur seule vertu, leur zèle et leur amour pour la patrie. Là, tous étaient égaux, et ceux qui administraient les affaires de la Société se faisaient remarquer par plus de vertu et de désintéressement encore, parce qu'on y avait en horreur ces êtres rapaces qui ne voient dans leurs emplois qu'une source où ils peuvent puiser l'or à pleines mains.

Qui oserait ne pas admirer de telles maximes, et ne pas faire tous ses efforts pour les maintenir en honneur?

Considérez, au contraire, les peuples du Nord, ces esclaves des grands potentats, et vous sonderez toutes les misères du pouvoir arbitraire. Voyez la Hongrie, la Russie, une partie de l'Allemagne, la malheureuse Pologne, en un mot tous ceux dont le triste sort est de gémir dans la servitude! Voyez l'Espagne, encore sous la domination des prêtres et des grands; la France avant la révolution de 89, même sous l'empire, et principalement après 1815! Quelle situation fut jamais plus horrible, et ne doit-on pas préférer la mort à une si exécrable tyrannie! Ah! si tous les hommes étaient bien pénétrés de cette vérité, il n'y en aurait pas un seul qui, pour briser ses fers, ne se résolût à affronter les dangers les plus terribles, les tortures les plus affreuses! Mais il n'existe malheureusement qu'un trop grand nombre de ces êtres dégradés qui, toujours prêts à servir, avec un dévouement aveugle, le maître qui a un peu d'or à leur jeter en échange de leur bassesse, osent ridiculiser ou flétrir hautement ces sentimens généreux, dans le but de profiter eux-mêmes les premiers des abus du despotisme, et de vivre aux dépens de la société et de la grande famille. Ces misérables fauteurs de toutes les tyrannies sont faciles à reconnaître à leurs discours, à leurs démarches tortueuses, à leur cupidité sans bornes, à leur ambition effrénée. C'est un devoir pour tous les bons citoyens de les démasquer avec vigueur, et de les signaler à l'animadversion publique. Mais il est malheureusement si difficile d'éclairer les hommes sur leurs droits et leurs devoirs comme membres de la cité, que, presque dans tous les temps, la fortune de tous a été dévorée, en grande partie, par quelques intrigans se prélassant, sans aucun travail, au sein de leurs riches palais, au milieu de leurs immenses domaines; tandis que l'humble cultivateur, le pauvre artisan, traités dédaigneusement de misérables prolétaires, engraissaient de leurs sueurs cette terre qui eût dû les nourrir honorablement eux et leurs familles, si le produit n'en eût été absorbé d'avance par les jouissances orientales de ces satrapes privilégiés.

Pour remédier à ces monstrueux abus, et faire jouir enfin le peuple de cette aisance qui doit être le prix de tout travail honorable, voici la forme de gouvernement qui avait été réglée par les chefs des Sociétés secrètes.

C'étaient un président, un vice-président et un sous-vice-président nommés pour trois ans; des ministres dignes de la confiance publique, et responsables de leurs actions; un conseil exécutif composé de douze membres, chargés chacun d'une partie bien distincte des affaires publiques, et qui en auraient communiqué le résultat au conseil-général de la nation, seul appelé à décider souverainement de toutes les grandes mesures. Par ce moyen ingénieux, l'administration eût été nécessairement paternelle et juste, puisque le peuple aurait eu incessamment l'œil ouvert sur tous et chacun de ses actes.

Pour parvenir à ce but, les députés devaient être nommés par le peuple réuni en assemblées primaires, d'après la constitution de l'an III; et comme, sous l'influence de ce grand mouvement national, l'on n'eût porté à la députation que les citoyens d'un patriotisme long-temps éprouvé, à l'entière exclusion des intrigans de toutes les époques et de tous les régimes, ces loyaux mandataires ne se seraient pas fait faute de porter courageusement le fer de la réformation dans cet arsenal impur de lois amassées par chacun des gouvernemens despotiques qui se sont tour-à-tour partagé la France ; lois, décrets et ordonnances toujours rendus au seul profit du pouvoir, sans aucun souci du bien-être physique ou moral du peuple, qui ne fut que trop long-temps considéré comme une bête de somme, clouée à un travail misérable et non interrompu, dans la crainte des réflexions que pourrait lui inspirer, au préjudice de ses oppresseurs, un peu de liberté, de bonheur et d'instruction.

Les députés auraient été chargés principalement de fixer toute leur attention sur la discipline militaire, et de régler d'une manière forte et invariable, soit les droits, soit les devoirs du soldat, que la raison nous enseigne ne devoir être qu'un citoyen armé contre les ennemis extérieurs, et pour l'indépendance du territoire national.

Les journées de juillet 1830 ne nous ont que trop bien appris quels seront toujours les funestes résultats de cette obéissance passive, que tous les gouvernemens despotiques ont proclamée comme la seule loi du soldat. Nos yeux ont vu des enfans du peuple, à qui leurs concitoyens n'avaient remis des armes que pour les défendre, les tourner aveuglément contre leurs père, mère, frères ou amis, en un mot, contre tous les objets sacrés de leur affection, sur l'ordre d'un roi parjure, pour soutenir des décrets illégaux; et cela, sous le faux prétexte d'un faux point d'honneur, ou dans la crainte misérable de la punition qu'ils auraient encourue par leur désobéissance.

Indignes soldats, qui avez abjuré votre beau titre de citoyens pour celui d'esclaves stipendiés de la tyrannie, vous avez donc oublié que l'armée nationale est un corps essentiellement recommandable institué pour la défense du pays, et non point une brigade de police, soumise au premier despote, qui la pousse selon son ambition ou ses caprices? Cette solde que vous recevez, vous ne saviez donc plus qu'elle était le fruit des sueurs de vos concitoyens; que vos armes, c'était la patrie elle-même qui vous les avait confiées pour la rendre, non pas esclave, mais libre, heureuse et triomphante! Fils ingrats et dénaturés, vous avez déchiré le sein qui vous avait portés et nourris, et si le malheur eût voulu que vous eussiez triomphé, dites, quel eût été le prix de cette horrible victoire? la haine de vos concitoyens, l'exécration de la postérité, votre propre mépris, celui même de ceux qui avaient poussé vos bras! Bientôt vos maîtres vous auraient renvoyés honteusement dans vos foyers, pour prendre à leur solde ces milliers de congréganistes, depuis long-temps armés en secret, et qui n'attendaient, pour se montrer, que le massacre des patriotes et le triomphe du droit de royauté divine sur les libertés anciennes de la nation française ; libertés que la Charte de 1814 n'avait point fondées, ainsi que la flatterie s'est plu à le dire, mais seulement reconnues, comme l'ancien droit national de la France, à toutes les époques de son histoire ! »

Je reviens à l'organisation du gouvernement populaire. Les agens du gouvernement, comme je l'ai déjà dit, auraient été nommés par le peuple, et tous, sans exception, soit les membres du grand et du petit conseil, soit les ministres, préfets, maires, juges de toutes les hiérarchies ; en un mot, tous les administrateurs et fonctionnaires quelconques, renouvelés tous les cinq ans, et changés, en tout ou en partie, selon leur bonne ou mauvaise gestion.

De cette manière, les préfets, surtout, qui ont, à peu de chose près, les mêmes fonctions qu'avaient jadis les proconsuls de Rome, n'auraient pas été, comme ils le sont pour la plupart, hautains, orgueilleux et d'un despotisme sans bornes. Créatures nées du ministère, qui ne les fait agir que selon les vues du monarque, ils prennent peu de soins du bien de leurs administrés ; et si l'un de ces hauts fonctionnaires marche par hasard dans le sens du peuple, il se voit disgracié et dépouillé d'un em-

ploi où l'on ne maintient que des valets humblement et aveuglément soumis aux ordres de celui qui les paie.

Nous devons à Napoléon cette innovation des préfets, et certes nous pouvons dire avec vérité que ce n'est pas là une de ses plus belles œuvres. Mais lui du moins était logique dans sa conduite; ne travaillant qu'à étendre de plus en plus son seul pouvoir, il devait nécessairement avoir dans chaque département un homme sur lequel il pût toujours compter. Aussi les préfets, les sénateurs, n'étaient, sous son règne, que des machines dont il faisait mouvoir les fils à volonté; le reste, c'était la moindre chose pour lui, et il ne s'en occupait que pour en obtenir des hommes et de l'argent. Le peuple, néanmoins, devait à son insouciance une certaine liberté; mais il n'en était pas de même sous les Bourbons, qui ne tendaient qu'à l'asservir, pour en faire le jouet de leurs misérables passions. Quant à l'empereur, si, lorsque la fortune l'abandonna, il eût été environné de l'amour du peuple, rien n'eût pu le renverser; les Français se seraient tous levés en masse, et les puissances de l'Europe eussent encore tremblé devant cette nation si renommée par son courage. Mais la France était fatiguée des vues despotiques de Bonaparte, et espérant enfin un peu de repos et de tranquillité, elle le laissa conduire sur une terre étrangère, où malgré son génie, il est mort le plus malheureux des hommes.

Après avoir parlé de la formation du gouvernement que les Sociétés secrètes avaient l'intention d'établir, occupons nous maintenant de l'organisation de l'armée nationale.

Chaque bataillon devait être fort de 1,000 hommes, chaque compagnie de 128 hommes, y compris les trois officiers, ainsi qu'un sergent-major, cinq sergens, dont un fourrier, huit caporaux et deux tambours. Le chef de bataillon, le capitaine adjudant-major, le chirurgien, l'adjudant sous-officier et le lieutenant-payeur auraient formé l'état-major. De cette manière, les bataillons s'administrant partout eux-mêmes, eussent procuré une grande facilité dans la comptabilité du régiment, qui aurait eu, en outre, son conseil d'administration, composé d'un chef de bataillon, d'un capitaine, d'un lieutenant, d'un sous-lieutenant, d'un caporal et d'un soldat. Ce conseil d'administration aurait envoyé, chaque mois, sa comptabilité au conseil d'administration centrale, où devait être le quartier-maître, chargé, sous les ordres du colonel, présidant le conseil central, de rendre compte au ministre de la guerre, qui n'aurait point eu ainsi affaire à tous les bataillons.

L'avantage de cette administration est facile à

concevoir : chaque bataillon, fesant son travail sé-
parément, eût donné conséquemment moins de
peine et d'occupation au conseil central, et mis les
chefs des bataillons mieux à même d'être compta-
bles, tout en bien administrant leurs bataillons. Ce
système eût, en outre, ôté beaucoup d'embarras
au colonel, qui, d'après les règles de l'ancienne
administration, est obligé de faire tout le travail,
et rendre en même temps la comptabilité la plus
exacte, même dans les bataillons détachés.

Les demi-brigades, ou régimens, devaient être
composés de trois bataillons formant un total de
3,000 hommes, non compris les officiers supérieurs
et subalternes.

Voici la solde qui était affectée à chaque grade :

Le général de division	18,000 fr.	00 c.
Le général de brigade	12,000	00
Le colonel	6,000	00
Le chef de bataillon	4,500	00
Les capitaines, sans distinction de classe	3,000	00
Les lieutenans, *idem*	2,100	00
Le sous-lieutenant	1,800	00
L'adjudant, par jour	3	00
Le sergent-major	2	00
Sergens et sergent-fourrier	1	50
Les caporaux	1	00
Les tambours		90

Les soldats , sans distinction
(cavalerie et infanterie)........   75

On avait pensé que, dans un gouvernement libre, il ne faut pas que le simple soldat trouve, dans
ses rangs, d'autres soldats privilégiés , soit par des
distinctions quelconques, soit par une haute paie,
comme l'on en a accordé jusqu'à présent aux gre-
nadiers et aux voltigeurs. Il est naturel, et nécessaire même, que le soldat du centre ait autant d'a-
mour-propre que ses camarades des compagnies
d'élite. Ce sont ces prérogatives malentendues
qui n'ont malheureusement amené que trop souvent dans l'armée, des troubles et des désordres
toujours funestes.

La somme de 75 centimes, allouée à chaque soldat, aurait été répartie de la manière suivante :
15 centimes pour l'entretien de son habillement,
linge et chaussure ; 35 centimes pour l'ordinaire, et
25 centimes à la poche chaque jour. Ce mode de
faire payer aux militaires leurs habillemens, of-
frirait de très grands avantages; ils seraient non-
seulement beaucoup mieux habillés, mais, tous
leurs effets leur appartenant, ils en auraient un soin
plus exact et plus soutenu. En outre, ils seraient
plus satisfaits, en se retirant dans leurs foyers, de
se montrer à leur famille et à leurs amis avec un
uniforme convenable, que d'y porter les misérables
guenilles qu'on ne leur voit que trop souvent ; dans

les circonstances extraordinaires même, ils mettraient un certain orgueil à s'en revêtir, comme d'une parure propre à leur rappeler d'honorables souvenirs.

Leur congé ne devait être que de cinq ans, et, autant que possible, ils en auraint passé trois chez eux, s'il n'y avait pas eu de guerre ; mais ces congés n'auraient été accordés qu'à ceux qui auraient parfaitement connu le maniement des armes.

Qu'on ne s'imagine pas que cette solde de 75 centimes par jour soit trop forte : tout calcul fait, cent mille hommes ne coûteraient que 36 millions par an, sans y comprendre la solde des généraux, et, en supposant la nécessité d'armer 300 mille hommes, ce qui est très rare, les frais n'excéderaient pas 176 millions, en évaluant à 20 millions les dépenses de l'artillerie, des fourrages, l'entretien, etc. Avec cette dépense, qui est bien inférieure à celle dont est chargé aujourd'hui le budget de l'état, on aurait une armée nationale bien payée, bien vêtue, bien nourrie, et considérée comme doivent l'être toujours les soldats de la patrie. Tous les militaires se plaisant au service, même les officiers, et les citoyens ne voyant plus leurs frères languir dans la misère, c'est alors que la profession de soldat deviendrait à la fois honorable et agréable, par l'aisance dont elle serait accompagnée. Une foule de volontaires se présenteraient à l'envi pour grossir les rangs de l'armée, et en rendraient ainsi le recrutement plus facile.

Le temps de service pour la retraite ne devait être que de vingt ans, afin que les soldats, en rentrant chez eux, pussent se marier, donner de nombreux défenseurs à la patrie, et les préparer au métier des armes, en les entretenant de leur gloire et de leurs anciens exploits.

Voici maintenant un aperçu des améliorations successives que les Sociétés secrètes devaient introduire dans l'administration de l'état.

Les monopoles du sel et du tabac devaient être abolis comme apportant des entraves toujours funestes à la liberté du commerce. Les droits sur les boissons, droits exorbitans et sous lesquels gémit la France depuis trop long-temps, auraient été successivement diminués, mais tous d'abord modifiés dans leur exercice, dont la rigueur révolte, à juste titre, la population, surtout celle de nos départemens méridionaux. Les droits de navigation auraient été compris dans cette réforme, ou transformés de telle sorte, que chacun eût été libre de faire circuler, à son gré et sans entraves, ses marchandises et ses produits, d'un bout de la France à l'autre. Une meilleure répartition des contributions personnelle et mobilière et des portes et fenêtres, eût apporté un changement soudain et salutaire dans la position des classes pauvres, toujours

les plus nombreuses, et qui ayant, par cela même,
des droits plus grands à la justice du gouvernement,
ont été cependant, à toutes les époques, foulées
et plus opprimées que les classes riches, dont le
devoir néanmoins est de venir, dans une proportion plus grande, au secours de l'état. Pour rétablir
l'équilibre, l'on eût avisé à une répartition plus
exacte de la contribution foncière; répartition tel-
lement inégale et injuste, que toute proportion
gardée, ce sont, en général, les départemens les
plus pauvres qui sont le plus chargés. Il y a plus;
depuis bien des années, mais surtout depuis la
restauration, les riches propriétaires, les nobles
principalement, ont successivement profité de leur
haute position et de leur influence pour obtenir
des agens de l'administration, toujours à leurs ordres, des dégrèvemens sur les contributions de
leurs immenses domaines; dégrèvemens qui sont
devenus de plus en plus onéreux aux petits propriétaires, puisque le chiffre des contributions
directes, porté annuellement au budget de l'état,
n'a que très peu varié dans ce long intervalle. La
mise en vigueur du cadastre dans tous les départemens, eût remédié promptement à ce monstrueux
abus, et rattaché à la révolution, les populations
même qui jusqu'à ce moment lui ont toujours été
les plus hostiles.

L'on dira, l'on pensera peut-être, qu'avec

d'aussi fortes diminutions dans les produits qui alimentent le trésor de l'état, il eût été difficile, impossible même de faire face à toutes les dépenses qu'exige l'administration des affaires publiques. Qu'on se rassure : cette diminution, plus que jamais nécessaire dans toutes les charges imposées aux citoyens qui vivent de travail et de privations, eût été suffisamment compensée au chapitre des dépenses publiques, par la réformation des énormes traitemens abusivement attribués à un grand nombre de fonctions de l'état, et la suppression radicale des cumuls, des sinécures, des dépenses secrètes de la police, des pensions accordées à titre gratuit, en un mot, par l'abolition de toutes ces places purement honorifiques et dès lors inutiles qui compliquent les rouages de l'administration et entravent à chaque pas la marche des affaires publiques. Tous ces emplois, uniquement créés dans l'intérêt de quelques hommes vendus à tous les systèmes, absorbent la subsistance de plusieurs milliers de familles ; leur suppression, en amenant un grand bien physique et moral pour la société, n'eût encore apporté qu'une diminution bien légère dans les énormes revenus de ces valets de tous les pouvoirs, trop long-temps engraissés à leur service, par le sacrifice de leur honneur.

Les hommes consciencieux qui s'étaient occupés avec tant de zèle d'un si minutieux travail, dans le seul intérêt de la chose publique, avaient pensé que les appointemens accordés à un général de division devaient servir de base et de point de départ pour tous les autres traitemens quelconques. Il est juste et raisonnable, en effet, que l'homme qui, par son mérite personnel, souvent même par le sacrifice d'une partie de son corps est arrivé à ce haut grade, occupe la place la mieux rétribuée dans l'état, que sa valeur ou son génie ont contribué à rendre fort, glorieux, indépendant. On aurait fait cependant une exception pour le président du gouvernement, les ministres, les ambassadeurs, etc., etc., etc., dont les chambres auraient déterminé le paiement et les dépenses. En outre, on se serait bien gardé de toucher aux modiques traitemens des employés subalternes, pères de famille dans le besoin ; on les aurait, au contraire, augmentés. La suppression de toutes les sinécures nous eût donné une grande latitude. Et qu'on ne s'imagine point que toutes ces combinaisons ne fussent qu'un rêve! Tout était examiné, calculé, avec le plus grand soin, par de savans économistes. Nous avions même prévu le cas de guerre, et nous nous y étions bien préparés; des ressources immenses étaient à notre disposition, et nous serions infailliblement arrivés à un résultat aussi beau que celui dont je viens de donner un faible aperçu.

DEUXIÈME PARTIE.

AFFAIRE BERTON.

Voilà donc ce que devait établir cette généreuse conjuration, si le général Berton avait su la conduire à bon port, comme il en avait le pouvoir. Tout était prêt, non seulement en France, mais encore en Espagne, en Italie, en Allemagne, et même en Angleterre. Les Sociétés secrètes avaient étendu partout leurs ramifications. Elles eussent eu la gloire de couper enfin la tête à cette aristocratie insolente, fléau de l'Europe ! On peut donc considérer comme un très grand malheur pour les peuples, que cette noble entreprise ait échoué au moment même où nos espérances étaient si justement fondées. Le non succès de la conspiration de Saumur a été plus préjudiciable à la France que la déroute de Waterloo. Une victoire au Mont Saint-Jean ne nous eût donné que la gloire, la réussite de Berton nous eût rendu la liberté et assuré une paix durable ; car, il faut le dire, les guerres entreprises dans l'intérêt d'un seul homme, quelque glorieuses qu'elles puissent être, amènent tôt ou tard la ruine des peuples.

Maintenant je vais raconter, avec la sincérité que mon cœur et mon devoir d'historien me commandent, tous les faits, relatifs au général Berton, qui se sont passés à Saumur. Et d'abord, je le dis à regret, le général Berton a manqué dans cette affaire de sang-froid et de célérité. S'il eût mieux écouté ses amis, il se serait acquis pour jamais des droits à la reconnaissance de tous les peuples, qui l'eussent proclamé le sauveur du monde et de la liberté.

Voici le résultat de ses opérations :

Depuis long-temps la ville de Saumur était considérée à Paris comme un point important de réunion, pouvant servir à donner l'élan aux provinces. Les conjurés avaient déjà reçu un échec ailleurs; mais ils ne perdaient point courage. Il fut donc résolu de tenter encore la fortune, et de tout mettre en jeu, cette fois, pour arriver au but de tant d'efforts et de sacrifices.

Je fis un voyage à Paris, comme député (j'en avais déjà fait d'autres avant cette époque), pour placer, à la tête du mouvement, un général en qui l'on eût confiance. J'y vis les personnes désignées, réunies en conseil, afin de prendre connaissance de ma proposition. Le choix du général y fut arrêté,

ainsi que la manière dont ce mouvement s'opére-
rait, et la nécessité d'en informer qui de droit dans
les autres départemens. Je peux assurer que ce conseil était très nombreux; il s'y trouvait beaucoup
d'étrangers, ce qui occasionnait une correspon-
dance suivie; mais la police ne vint pas à bout de
la saisir, malgré toutes ses ruses et ces perquisitions, tant nous y mettions de secret et de prévoyance. Après avoir tout ainsi réglé à Paris, je revins
à Saumur, où l'on convint que je retournerais sur
mes pas, prendre le général choisi par le conseil.

Je restai peu de temps à Paris, et revins de nouveau à Saumur, rendre compte de ce qui y avait
été décidé, avec la condition toutefois de retourner dans cette première ville, pour emmener le général. Benjamin Constant devait même
l'accompagner. Des députés furent envoyés à Angers, Nantes, Poitiers, le Mans, et tous les
pays circonvoisins. Sur ces entrefaites, le député
de Nantes, M. Grandmesnil, chirurgien, apprit
dans cette ville que le général Berton était à
Rennes où il s'était enfui de Paris, poursuivi par
la police qui avait même fait une visite à son domicile pour l'arrêter. Cette circonstance fut cause que
le député envoyé à Nantes, se rendit sur-le-champ
à Rennes, auprès du général Berton. Il y fut décidé
que le général serait conduit à Saumur, où le mouvement devait commencer. Le député de Saumur

à Nantes le mit dans une chaise de poste, et se rendit avec lui à Saumur, au commencement de février 1822. Ils descendirent chez moi et chez mon / beau-frère Tisseau, puisque nous habitons la même maison ; il ne s'y trouvait que ma chère sœur, dont j'ai écrit les mémoires, et qui, malheureusement, est morte des chagrins qu'elle a essuyés, pendant que son frère et son époux expiaient dans un cachot le courage d'avoir voulu affranchir leur patrie.

Le général Berton descendit chez moi, vers les six heures du soir, accompagné de M. Grandmesnil, qui l'avait conduit avec beaucoup de fracas. Il ne passe jamais, à cette heure, de voitures de poste ; ce fut donc une grande imprudence. Mon aimable sœur ordonna le souper, et nous envoya chercher en ville ; il lui tardait de nous voir, ne connaissant que M. Grandmesnil. Nous arrivâmes une heure après ces Messieurs ; quant à moi, j'étais horriblement fatigué, n'ayant cessé de voyager, jour et nuit, depuis trois mois, pour cette affaire. A notre arrivée, l'on se mit à table, après avoir toutefois envoyé chercher plusieurs convives. Le respectable et malheureux Café, et l'estimable Chauvet, étaient du nombre. On devine aisément sur quoi roula l'entretien. Ce ne fut qu'au dessert que je me plaignis de ce qu'on était descendu chez moi avec tant de bruit, et surtout de l'imprudence impardonnable qu'on avait commise, en laissant, dans la cour de ma maison, la chaise de poste; ce qui pouvait donner l'éveil à la police qui nous guettait depuis très long-temps. Je fis observer au général Berton que, devant prendre plus de précautions qu'un autre, puisqu'il était déjà poursuivi par la police de Paris, je ne pouvais lui donner un asile, dans l'intérêt même de sa sûreté plus que de la mienne; et je demeurai constamment inébranlable à toutes les objections qui me furent adressées. Le général alla coucher chez M. Chauvet, qui lui avait offert un lit; Café l'accompagna. Cette précaution était, comme on le voit, nécessaire. Ne pouvait-on pas, le lendemain, visiter ma maison, y arrêter le général avec tous ses amis? En vérité, je suis encore étonné qu'une observation aussi simple ait rencontré la moindre opposition. En effet, une conjuration n'est pas un jeu d'enfant; tout conspirateur doit avoir un grand caractère; il ne suffit pas d'un peu de courage, il faut du tact, de la prudence, de la finesse, de la fermeté, en un mot, une bravoure à toute épreuve, et le génie propre à ce rôle si difficile; surtout quand il s'agit de renverser un gouvernement qui a pris quelques racines dans le pays. Les victimes de Saumur nous en ont offert un exemple bien déplorable, fait pour décourager même des hommes de cœur, si le désir d'être libre ne l'emportait toujours sur la crainte, et si toute conspiration généreuse ne finissait par réussir au profit de la grande famille qui ne marchande pas son indépendance.

M. Chauvet emmena donc le général Berton, comme je l'ai dit plus haut. Le lendemain, à huit heures du matin, je me rendis chez lui, où je rencontrai plusieurs personnes initiées, qui venaient, ainsi que moi, aviser aux moyens qu'il était nécessaire de prendre par la suite. Le logement de M. Chauvet se trouvant petit et incommode pour nos réunions, nous conduisîmes le général dans la maison de l'infortuné Café, qui était assez vaste, et contenait de fort beaux jardins. Cette maison fut désignée à chacun de nous, comme centre de réunion, parce que nos rendez-vous y seraient plus faciles et moins susceptibles d'être découverts. Les députés des autres départemens reçurent des lettres d'avis ; les membres de la Société se réunirent, et tout fut préparé pour agir au plus tôt, le général Berton nous donnant des garanties suffisantes : ce qui ne m'empêchait pas, néanmoins, de songer au général sur qui notre premier choix était tombé, et que je devais aller chercher à Paris. Dans ces assemblées fréquentes, on travailla tantôt chez l'un, tantôt chez l'autre, afin de ne donner aucun soupçon ; et quoiqu'il y eût beaucoup d'étrangers députés à Saumur, on en parla peu dans la ville. Il est vrai qu'ils logeaient chez leurs amis respectifs.

Après toutes ces démarches, il devenait indispensable de parvenir à un résultat dans le courant
de février 1822. Tout était prêt, et nous pouvions
compter, au besoin, sur le bon esprit des habitans,
qui secrètement avaient acheté des cartouches et
des fusils. Il fut décidé que le mouvement commencerait à Thouars, parce que le brave capitaine
Pombas y commandait une partie de la garde nationale, et que, sous le prétexte de réjouissances publiques, il avait fait mettre à sa disposition une
petite pièce d'artillerie, des munitions et seize ca-
nonniers. La garde nationale était bien armée, ainsi
que les communes environnantes qui devaient se
réunir à nous au premier signal. Parthenay, à sept
lieues de Thouars, eût agi simultanément, et de là
nous serions marchés en masse sur Saumur, où
devait éclater la grande insurrection, pendant que
les autres départemens auraient opéré leur mouvement.

C'est alors que, la famille royale se trouvant pour
ainsi dire bloquée dans le château des Tuileries, le
nouveau gouvernement eût donné un grand essor
à cette noble entreprise. Des émissaires eussent
été promptement dirigés en Allemagne, en Espagne, en Italie, où nous avions de nombreux partisans; et les populations se fussent immanquable-
ment soulevées, car elles ne se refusent jamais à la
liberté.

J'ajouterai, pour démontrer combien le renversement de nos espérances était imprévu, que nous comptions dans nos rangs la majeure partie des troupes de ligne et de l'Équitation de Saumur; et l'on peut facilement, d'après cet exposé succinct, se former une idée exacte des immenses travaux, des préparatifs de tout genre auxquels il avait fallu se soumettre, pour parvenir à un semblable résultat.

Le conseil décida que le premier mouvement éclaterait à Thouars, et me chargea de le diriger. Ce poste me convenait d'autant mieux, qu'ayant déjà fait plusieurs voyages dans cette ville, pour en assurer le succès, j'avais su m'y créer de nombreux amis et m'attirer la confiance des personnes intéressées. Je m'étais concerté avec les braves Pombas, Moreau, Delong, etc., etc. Toutes nos mesures étaient combinées avec prudence et habileté, et me permettaient d'espérer, du moins pour mon propre compte, une réussite complète.

Le commandement de Saumur avait été donné au général Berton. Nos partisans de cette ville et des communes environnantes auraient secondé ses projets, de manière à n'en laisser sortir personne qui prévînt les autorités du dehors. Poitiers, le Mans, etc., ne devaient bouger que le lendemain, après que les autorités les auraient dégarnis de troupes, pour les diriger sur Saumur. On ne se serait déterminé à agir sérieusement contre elles, qu'autant qu'elles auraient opposé de la résistance ; on les eût alors traitées nécessairement comme un ennemi déclaré. Mais comment prévoir que des soldats français ne voulussent point fraterniser avec la masse du peuple, et du peuple en armes, puisque toute la France se fût trouvée debout par ce moyen! Que nous aurait importé d'ailleurs! Ceux qu'enflamme le saint amour de la liberté, ne manquent, dans l'intérêt de sa cause, ni de courage, ni d'énergie.

Tout étant donc préparé, je le répète, il devenait indispensable de préciser le jour de l'attaque. En conséquence, les députés des villes départementales, la plupart de Poitiers, Nantes, Angers, Rennes, etc., furent convoqués à Saumur.

Cette assemblée générale et définitive tint sa séance dans la nuit du 17 février 1822, chez mon beau-frère Tisseau, négociant, et chez moi, parce que notre domicile est le même, comme je l'ai déjà dit plus haut. Le nombre des députés était de 42, y compris le général Berton et un brave officier de l'Équitation. Elle décréta que le mouvement commencerait le 22 février au matin, jour qui, se trouvant un dimanche, nous parut plus commode pour faire marcher les habitans. Cette assemblée se prolongea jusqu'à deux heures dans la nuit ; elle ne se termina point, comme on le pense bien, sans quelques altercations de part et d'autre, et sans de fortes et judicieuses observations. Enfin chacun tomba d'accord sur le moment d'agir, sur les membres du conseil exécutif, et sur le pouvoir qu'il était nécessaire de lui accorder pour se faire obéir. Tout fut réglé à la pluralité des voix, et chacun en particulier se soumit à la décision générale avec empressement et plaisir.

Berton demanda seulement à se transporter à Thouars où la première explosion devait avoir lieu, et prétendit que je serais beaucoup plus utile à Saumur. Je répliquai que son poste était dans cette dernière ville et non pas à Thouars, puisque, connaissant mieux le pays que lui-même, je pouvais tirer meilleur parti de mes préparatifs. Je fis encore observer à l'assemblée, qu'on ne devait point se permettre d'agir sans que je n'eusse été préalablement chercher le général promis par le comité directeur de Paris. Mais les conjurés, animés d'un zèle trop ardent, opinèrent;qu'on se contenterait de le prévenir et qu'il arriverait au jour indiqué ; ce qui ne s'effectua point.

Berton persistait à se rendre à Thouars ; sa demande lui fut aveuglément accordée, et je fus désigné pour la direction du mouvement à Saumur. Il fallut se soumettre. Les députés se séparèrent, afin de concourir, chacun de leur côté, au succès des dispositions arrêtées en conseil.

On était en peine d'une voiture qui pût conduire en secret le général à Thouars. Le jour approchait, et cette voiture ne se trouvait point. Café, ainsi que d'autres de mes amis, m'invitèrent à l'y conduire moi-même dans mon propre cabriolet. Ce sera plus sûr, me dirent-ils. Arrivés à Thouars, tu lui donneras les instructions nécessaires , et l'empêcheras de faire avorter une si haute entreprise. J'y consentis.

Le caractère faible , l'incapacité du général Berton m'avaient frappé dans les derniers temps, et j'en avais averti les conjurés. Je leur avais prédit qu'il nous perdrait tous , et ma prédiction ne s'est malheureusement que trop bien vérifié !

Les esprits médiocres sont trop enclins à se persuader que dans un habit de général gît toute la science du métier , et leurs mécomptes ne sont par conséquent que trop nombreux. Cependant , dans cette circonstance , quelques conjurés , à qui j'avais dessillé les yeux , pensèrent que Pombas, Moreau , Delong et d'autres braves qui se trouvaient sur les lieux , suffiraient pour imprimer à la conduite du général une meilleure direction.

Je me décidai à le conduire dans mon cabriolet, dans la nuit du jeudi au vendredi, 20 février. Nous voilà donc en route, avec son uniforme et son épée cachés dans la voiture. J'avais dressé une carte topographique du pays , et mis le plus grand soin à son exécution. Avant de partir, je lui indiquai

du doigt, sur cette carte, les chemins de traverse
et les rivières, le nombre d'hommes que devait
fournir chaque ville ou village, les points par où
il déboucherait sur la grande route, en un mot
je lui donnai toutes les instructions nécessaires,
pour qu'il ne tentât aucune démarche inutile.
C'était à ne pouvoir s'y tromper. Un enfant s'y
serait reconnu. Arrivés à Montreuil-Bellay, nous
descendîmes de voiture, et je lui désignai les deux
points importans dont il avait à se rendre maître,
et d'où il empêcherait que personne ne vînt de
Saumur, ni d'ailleurs, avertir les autorités. Je lui
répétai tant de fois ces informations, que je fus
convaincu qu'il s'en était pénétré; toutes ces informations étant, les dernières surtout, de la plus
haute importance, ainsi qu'on le verra dans le
cours de cet ouvrage.

Nous partons de Montreuil pour Thouars, et
je continue de lui donner mes instructions. Je par-
lais encore, lorsque je m'aperçus qu'il s'était en-
dormi. « Général, m'écriai-je, indigné, et en le
secouant fortement, il me semble que vous prêtez
bien peu d'attention à des choses aussi graves. »
Mais il ne se réveilla point.

De montreuil à Thouars il y a quatre fortes lieues.
Mon cheval ayant presque toujours marché dans
un chemin pierreux, était harrassé de fatigue et
n'allait qu'au pas. Préoccupé de l'idée fâcheuse que

j'avais conçue du général à Saumur, et voyant qu'il persévérait dans son sommeil désespérant, par un mouvement spontané je fis tourner bride à mon cheval, et rebroussai chemin.

J'avais parcouru l'espace environ d'une demi-lieue, lorsqu'il donna signe de vie. « Général, lui dis-je, je retourne sur mes pas, parce que je me suis trompé de route. » Ces mots le réveillèrent tout-à-fait, et je poursuivis mon chemin.

Le postillon de Thouars et quelques conducteurs de voitures vinrent à passer ; il s'informa de la route auprès d'eux. Ils lui répondirent que nous allions tout droit à Montreuil. Il me témoigna alors sa surprise de ce que je lui avais dit ; mais, sans autre subterfuge, je lui répartis brusquement qu'il m'avait semblé, par l'insouciance qu'il y apportait, que cette affaire ne lui convenait point, et que je le ramenais à Saumur. Il prétendit que le sommeil l'avait surpris et le dominait encore, et me pria de le reconduire à Thouars. J'eus la faiblesse de céder, faiblesse dont je me reproche encore les suites désastreuses ; mais, avec la responsabilité terrible qui pesait sur ma tête, pouvais-je me résoudre à contrecarrer ainsi une seconde fois les décisions du conseil ? Je ne le pense point.

A une demi-lieue de Thouars, je rencontrai le brave Saumon, qu'on avait dépêché de Thouars à Saumur en courrier extraordinaire, pour savoir au juste où nous en étions. Je l'arrêtai, et lui montrai le général Berton ; le priant instamment de courir chez Pombas le prévenir de notre arrivée.

Pombas vint à notre rencontre vers les six heures du matin, et nous fit annoncer à l'infortuné M. Saugé, riche propriétaire, qui avait eu la bonté de nous préparer nos logemens.

Des courriers furent aussitôt expédiés aux personnes qui devaient se mettre à la tête du mouvement, avec prière de se rendre au plus tôt chez M. Saugé, où elles concerteraient toutes les mesures à prendre, ainsi qu'on l'avait décidé à Saumur.

Le conseil se réunit le soir de ce même jour ; il accepta le général Berton en ma place, et je dus retourner dans cette dernière ville dont le commandement m'était confié.

On résolut à l'unanimité de sonner le tocsin à cinq heures du matin, de battre la générale dans tous les quartiers, d'arborer le drapeau tricolore sur tous les édifices publics et même aux maisons des particuliers, et d'arrêter en outre toute la gendarmerie, ainsi que deux personnes que je ne nommerai pas, et que leur influence dans le pays rendait dangereuses. Ces deux personnes eussent été amenées de force à Saumur, d'où on les eût renvoyées, quand le péril serait passé.

Il était surtout convenu de ne rien commencer tant que nous n'aurions pas avec nous deux ou trois cents hommes déterminés que nous attendions de Parthenay, à sept lieues de Thouars, et des communes environnantes, et plus encore, de prévenir les conjurés de Saumur de toute remise, de tout retard, étant toujours les maîtres d'avancer ou de reculer notre entreprise.

On devait se réunir sur la place Laveau en dehors de Thouars, et préluder par un banquet patriotique en plein air. On se serait ensuite dirigé, vers les sept heures du matin au plus tard, sur Montreuil, pour y arriver à dix. Là, quinze cents hommes se fussent joints à nous, et la petite pièce de canon, que nous aurions amenée de Thouars, eût tiré les cinq coups, signal dont les autres communes étaient prévenues.

Ce noyau se serait alors porté à la rencontre du général, et l'on aurait en masse marché, par les chemins les plus courts, sur Saumur, où l'on était sûr d'arriver à deux heures ou deux heures et demie : moment d'autant plus favorable, que les conjurés de cette ville avaient combiné avec ceux de Thouars, de donner à cette heure, chez eux, un repas splendide à la garnison du château, et d'enfermer même les soldats au besoin ; ce qui eut lieu en effet : il ne resta que la garde au château. Nous n'eussions donc rencontré que peu de résistance à nous emparer de ce point important qui renfermait une quantité considérable d'armes et de munitions; tout eût été terminé dans la soirée.

Les autorités ne se vanteront pas sans doute d'avoir connu la moindre de nos démarches, puisque le sous-préfet Carrère était dans la sécurité la plus parfaite, et donnait ce jour-là un grand dîner.

Je me rappelle encore, avec un vif sentiment de plaisir, combien je ris de bon cœur, quand le fournisseur, qui en avait préparé le dessert, me dit : « J'espère qu'ils ne le mangeront pas. A la pre-mière nouvelle de l'arrivée des libéraux, la peur les fera courir par la ville comme des lièvres. »

Le lecteur peut calculer facilement, d'après toutes ces dispositions, que le nombre des conjurés se serait élevé en moins de vingt-quatre heures à une trentaine de mille hommes. Chose surprenante! les habitans que nous avions mis dans le secret, avaient eu le soin de s'approvisionner de tous les comestibles nécessaires, sans que la police se fût aperçue le moins du monde de cet énorme accroissement de denrées de toute espèce.

J'étais demeuré à Thouars dans la nuit du 20 au 21, pour donner les ordres définitifs. J'arrivai le 21 de grand matin à Saumur, et m'empressai de rendre compte de ma mission au conseil exécutif. Je courus ensuite à la Bourse, où un grand nombre de nos amis m'attendaient avec impatience. Je leur appris ce qui se passait, et les avertis de se tenir prêts pour le dimanche 22 février, la conspiration devant éclater à Thouars à cinq heures du matin. Chacun reçut ses ordres et fut aussitôt les exécuter dans les différentes communes. C'était donc dans les vingt-quatre heures que le mouvement eût commencé afin de paralyser les mesures de l'autorité.

J'affirme que nulle indiscrétion n'a été commise par un conjuré, ni même par la femme d'un conjuré; quoique un grand nombre de personnes de tous états, de toutes conditions, se trouvassent mêlées et confondues dans cette affaire. Nous avions permis aux femmes d'assister à nos délibérations, préférant leur coopération à celle de certains hommes, vraies girouettes, que l'intérêt ou la crainte font tourner à tous les vents. Je dirai donc, en souriant, que si nous étions beaucoup de conspirateurs, il n'y avait pas moins de conspiratrices. Et c'est ici le lieu de reproduire une réflexion dont on ne saurait trop se pénétrer. Il est certaines circonstances, graves et fortuites, où le courage, le sang-froid des hommes expirent, et où les femmes se montrent dans un jour nouveau, tout à leur avantage. Notre orgueil ne doit pas nous empêcher de convenir que, si des occupations frivoles absorbent trop souvent presque tous les instans de leur vie, elles font preuve alors cependant d'une grandeur, d'une générosité héroïques, et d'une discrétion inébranlable. Ce serait un devoir pour moi, de mentionner toutes les dames estimables qui ont travaillé, de concert avec nous, à reconquérir nos droits, et qui ont versé tant de larmes après le renversement de nos communes espérances; mais je pense m'acquitter assez envers elles, en nommant la seule Mme Chauvet, dont elles avaient déjà, pendant les longues soirées d'hiver, où elles l'aidaient à confectionner des drapeaux et des cocardes tricolores, apprécié la douceur et les vertus, avant qu'elle ne déployât aux assises de Paris toute l'énergie de son caractère.

Quand son mari fut condamné à mort par contumace, elle se montra plus forte encore que cette dame romaine qui se fit percer la langue, dans la crainte de ne pouvoir résister aux tortures. On la vit se soumettre avec résignation à une captivité de treize mois, à toutes les avanies, à tout ce que la prison a d'horrible et d'ignominieux, plutôt que de prononcer un seul mot qui, en la rendant à la liberté, eût perdu son époux et bien d'autres de ses amis. Le dévouement de cette vertueuse dame peut servir, je crois, de pendant à l'héroïsme de l'illustre Me de Lavalette.

Je reprends mon récit.

Le général Berton demeura donc à Thouars, chez l'infortuné M. Saugé, qui a subi la peine capitale dans cette ville.

Le 22 février, vers cinq heures du matin, il se revêtit de son uniforme, et se mit en mesure de faire exécuter le mouvement. Par ses ordres, on sonna le tocsin ; les gendarmes et les deux personnes en question furent arrêtés, et, sans attendre l'arrivée des deux ou trois cents hommes de Parthenay, tout le monde ayant pris les armes, suivit le capitaine Pombas, commandant de la garde nationale, les braves Saumon, Delong et autres que je ne nommerai point. L'affaire allait grand train ; le drapeau tricolore était arboré, et les enfans même le baisaient avec enthousiasme. On se rendit sur la place Laveau ; là, le capitaine Moreau, de Parthenay, se réunit à nous avec dix-huit hommes. Ce petit renfort fut reçu avec plaisir, et l'on s'attendait à le voir croître à tout moment. Un banquet patriotique avait été promis, et tous ces hommes qui étaient partis de grand matin, devaient en éprouver le besoin. Ce banquet, en animant leur esprit, leur eût inspiré ce courage et cette gaîté si nécessaires en pareille circonstance. Le général Berton se trouvait partout, et sa présence rassurait les plus timides.

On avait rédigé deux proclamations, l'une au peuple, l'autre à l'armée ; on était sur le point de les imprimer ; le papier même se trouvait mouillé, quand Berton refusa d'y apposer sa signature, et voulut en empêcher l'impression, quoiqu'il fût là, reconnu général en chef de l'armée de l'Ouest. Pombas et Delong les signèrent, et M. Heureux, commissaire député de Rennes, les lut au peuple. Elles produisirent un merveilleux effet.

Les conjurés s'attendaient à partir dès sept heures du matin pour Montreuil, où quinze cents hommes devaient grossir leurs rangs; mais qu'on juge de leur étonnement, quand le général annonça qu'il ne voulait point se mettre en route sans avoir déjeûné chez un de ses amis, et qu'on battrait ensuite le rappel pour partir. Cette conduite inconcevable refroidit singulièrement les esprits.

Berton se rendit chez M. Saugé qui lui témoigna sa surprise et son mécontentement, en s'écriant même qu'il perdait tout ; mais il n'en tint aucun compte, se mit à table, but et mangea beaucoup, et prolongea son repas jusqu'à onze heures. Il fit alors battre le rappel, et ne parvint à rassembler que trois ou quatre cents hommes environ.

C'était déjà une grande perte de faite. Mais Berton commit encore une faute impardonnable en déclarant à cette troupe si faible, qu'il ne voulait emmener que ceux qui étaient bien vêtus. Il réduisit par là sa force à cent-vingt hommes, et partit avec eux pour Montreuil, où il n'arriva qu'à deux heures de l'après-midi, au lieu de dix heures du matin, comme on l'avait décidé.

A Montreuil, il ne s'assura pas même des gendarmes, ne mit point de poste dans les endroits désignés, ne fit point sonner le tocsin, ni battre la générale ; aussi personne ne bougea dans cette commune, quoiqu'elle eût promis de fournir quinze-cents hommes de bonne volonté.

En vain le supplia-t-on de réparer cet échec, dont son insouciance était cause ; il n'écouta aucune observation, aucune prière, et se posta sur le pont de Montreuil où il demeura à peu près une demi-heure.

Il avait négligé de s'assurer de la gendarmerie de Montreuil, ainsi que je l'ai déjà dit, et de la sommer de marcher avec lui. Cependant le temps s'écoulait. Le maréchal-des-logis lui demanda ce qu'il prétendait faire de sa troupe. — « Montez à cheval si bon vous semble », répondit-il.

Ce maréchal-des-logis et les autres gendarmes, vieux militaires qui ne demandaient pas mieux que de nous accompagner, se montrèrent extrêmement affligés de cette réponse ; mais l'un d'entre eux, ancien soldat vendéen, profita de la permission, monta à cheval, et courut, bride abattue, prévenir les autorités, en s'échappant précisément par le passage dont on avait tant recommandé au général de garder les issues.

Ce gendarme poussa si vite son cheval, qu'il faillit le crever. Il arriva à Saumur en très peu de temps, et prévint le sous-préfet qui donnait une fête, comme on l'a vu plus haut. Tout fut en émoi, et l'on prit lentement quelques mesures incomplètes contre l'ennemi dont on ignorait les forces numériques.

Berton resta deux heures à Montreuil dans la même inaction. Il se résolut enfin à s'acheminer doucement vers Saumur, se conduisant sur cette route, comme sur celle de Thouars à Montreuil, toujours avec la même insouciance et le même entêtement. Il n'arriva sur le pont Fouchard, que vers les sept heures et un quart, à la chûte du jour, et le dépassa peut-être de cent toises.

J'étais allé à sa rencontre en uniforme. Voyant qu'il n'arrivait point, après avoir marché plus d'un tiers de lieue, je rentrai dans la ville. Mon absence eût jeté dans l'embarras les habitans des campagnes du côté opposé, dont je devais diriger le mouvement. D'ailleurs le général était encore fort loin.

Les autorités avaient envoyé la gendarmerie au devant du général, que tous les habitans attendaient avec impatience. La moitié de l'École d'équitation reçut les mêmes ordres; mais l'ayant rencontrée à une demi-lieue de la ville, tous ces braves se jetèrent dans les bras des conjurés, les complimentèrent et cheminèrent à côté d'eux, ainsi que des amis, jusqu'au pont Fouchard.

Arrivés au pont Fouchard, l'École fila plus loin, ainsi que la gendarmerie qui la précédait. Le général devint maître du pont et se porta cent toises en avant. Il s'arrêta là, au lieu de continuer à marcher rapidement jusqu'à *la levée d'enceinte*, sept cent toises plus loin, et dont l'occupation lui avait été fortement recommandée. Néanmoins, du poste où il avait fait halte, il pouvait entrer dans la ville par une autre route qu'on appelle simplement *la levée*.

Voyant son indécision, le capitaine Pombas proposa au général de lui confier vingt-cinq hommes, se chargeant avec eux d'entrer dans Saumur, de s'y réunir au colonel Gauchais, et de s'en emparer aussitôt, puisqu'on ne leur opposait aucune espèce de résistance. Berton s'y refusa. Il prétendit qu'il ne pouvait détacher personne d'une aussi faible troupe, et que d'ailleurs on avait promis de venir à sa rencontre pour le conduire dans la ville. Non content de toutes ces hésitations, il lui prit l'inconcevable fantaisie de rétrograder et de s'établir de l'autre côté du pont, où il se trouva dominé par les hauteurs, laissant ainsi tout l'avantage à l'ennemi, qui ne manqua pas, en effet, d'en profiter sans retard.

Cependant la garde nationale ne s'y était point encore rendue, et elles n'étaient occupées que par vingt-cinq soldats du château. Mais bientôt de nombreux renforts arrivèrent sur les lieux.

Le général fit alors barrer la route avec quelques

voitures, et demeura dans la même position, attendant toujours qu'on vînt le chercher.

Enfin, le maire, M. de Montpassan, pénétra jusqu'au bureau de l'octroi où s'était retiré le général, qui, entrant en conversation avec lui, dit qu'il le connaissait, qu'il se rappelait l'avoir vu à Paris, et bien d'autres choses inutiles en pareilles circonstances. Le maire répondit qu'il l'avait toujours connu pour une mauvaise tête, qu'il avait trop peu de monde pour réussir, et lui conseilla de se retirer.

On était convenu à Thouars d'exterminer tout ce qui opposerait une sérieuse résistance, car ces rigueurs, terribles pour l'humanité, sont malheureusement nécessaires au succès d'une conspiration. La sensibilité, fort louable en toute autre circonstance, devient hors de saison dans ces momens critiques, où, de la mort d'un seul homme, dépendent le bonheur de la patrie et le salut de plusieurs milliers de nos semblables

A cette invitation insultante, toute la troupe du général éclata en murmures d'indignation ; et le capitaine Pombas, mettant son espingole sur la poitrine du maire, menaça de le renverser raide mort, s'il ne rendait la ville sur-le-champ.

— « Ne le tuez pas , s'écria Berton , je vous en prie. » C'était un ordre pour le capitaine ; il baissa son arme ; et le maire qui ne demandait pas mieux qu'on usât de violence, pour remettre la ville en toute sûreté, demanda au général ce qu'il prétendait faire. Berton répliqua qu'il allait se re- tirer, et qu'on lui accordât deux heures, afin de ne pas être inquiété dans sa retraite.

Un des conjurés voulut se venger de la faiblesse du général; mais il eut la générosité de céder aux prières de ses camarades, et dévora sa fureur en silence.

Ce fut alors que les gardes nationaux commu- niquèrent avec les conjurés, et occasionnèrent sur le pont un si grand encombrement que nous ne pûmes en approcher nous-mêmes. Cependant, igno- rant encore cette convention; voyant que les com- munes ne venaient point, par la négligence du gé- néral qui ne les avait pas envoyé prévenir de Mon- treuil; sachant de plus qu'il n'avait point avec lui la petite pièce de canon, je me décidai à tâcher moi-même de me joindre à lui.

Dans cette intention, je suivis le long de la levée. Arrivé près du pont Fouchard, des gendarmes et des agens de police qui se trouvaient là, me de- mandèrent vivement où j'allais. — « Voir comme les autres ce qui se passe; vous n'avez pas le droit de m'en empêcher. »

Ils me dirent que si je ne rebroussais chemin, ils allaient exécuter leur devoir (ce devoir était de m'arrêter, sans doute); et que ce n'était point à un homme comme moi de passer de ce côté.

Je retournai donc sur mes pas, en ayant soin toutefois de me poster non loin du pont, pour attendre les événemens. La nuit était close. Je me plaçai au bas de la levée, où le hazard me rendit témoin d'une scène fort comique, entre le sous-préfet Carrère et le sieur Guitière, commissaire de police.

— « Ah! mon cher maître, » s'écriait ce digne fonctionnaire, « n'allez pas au pont Fouchard. Ces misérables vous assassineront. » — « Je veux absolument y aller, » répondait le sous-préfet, » c'est mon devoir. » — « Non, vous ne le pouvez, ni ne le devez. Soyez sûr de ce que j'avance. » — « Mais laissez-moi donc tranquille! Il faut absolument que je m'y rende, » reprenait Carrère, en ayant toujours l'air de vouloir marcher, afin que son interlocuteur l'arrêtât.

Enflammé d'un beau zèle, celui-ci le prit à bras le corps, et l'enleva de terre avec autant de sollicitude que le pieux Enée dut en mettre à placer son père Anchise sur ses épaules; puis il le déposa du côté opposé.

— « Eh bien! quel conseil me donnez-vous, » dit le sous-préfet tout essouflé. « Si j'avais les canons du château, je marcherais contre ces rebelles. » — « Allons les chercher, » répondit le commissaire. « Je serai du moins tranquille sur votre compte. »

Ils s'éloignèrent ensemble, et je ne les revis plus.

Je sais seulement que, le danger passé, le courageux sous-préfet courut sur le pont Fouchard faire parade de ses brillantes dispositions.

J'ai rapporté cette conversation, afin de mieux prouver au lecteur l'embarras des autorités, avant l'arrivée du général Berton.

J'ai dit que, parmi tant de personnes initiées à nos secrets, il ne s'est pas rencontré de traître. Je suis cependant ici forcé d'accuser hautement de trahison un sieur Beaufils, clerc de notaire à Baugé, dont le patron avait été malheureusement mis dans nos confidences, et je le fais avec douleur.

Ce jeune clerc s'était caché aux Ulmes, arrondissement de Saumur. Il fut arrêté par la gendarmerie et nous dénonça, moi surtout qui me trouvais à la tête, devant le juge de paix de Doué. Les gendarmes furent lancés à ma poursuite, car les autorités tenaient beaucoup à s'emparer de moi.

Ce malheureux (je lui épargne une autre qualification), à qui l'on avait promis sa grâce, s'il persistait dans ses délations, soutint en effet avec un triste courage ce rôle honteux devant la Cour de Poitiers, mais n'en fut pas moins condamné à cinq années de prison ; tandis que s'il eût gardé le silence, le jury l'aurait nécessairement acquitté. Si telle avait toujours été la récompense des traîtres, on n'en eût pas vu pulluler en France un si grand nombre sous tous les régimes !

Revenons maintenant au général Berton : il se

retira du pont Fouchard avant les deux heures ex-
pirées, et se porta sur Thouars ; il s'arrêta à Bryon
qui n'en est guère distant que d'une lieue ; là, sa
petite troupe se dispersa complètement, et lui-même
s'étant dépouillé de son uniforme, le déposa avec
le drapeau tricolore chez M. Dazé, propriétaire au-
bergiste. Les sieurs Pombas, Moreau, Delong et le
maréchal-des-logis Saumon, voulurent le protéger
dans sa fuite ; ils voyageaient ainsi, bien armés, et
se cachant chez leurs amis pour n'être pas découverts.

Je dois rapporter ici un fait qui honore infiniment
ceux de l'Équitation chargés par le gouvernement
de poursuivre les conjurés dans leur retraite sur
Montreuil ; ils suivirent une route opposée, allè-
rent à Doué où ils s'arrêtèrent deux heures, et de
Doué à Montreuil par un chemin très long, donnant ainsi le temps au général et à sa troupe de se
retirer complètement. Ce trait est bien digne de
trouver place dans cette histoire.

On concevra facilement que les autorités dûrent
mettre un grand nombre de troupes en mouvement, après que la conspiration eût échoué. Le régiment de carabiniers, regardé comme fidèle à la
cause des Bourbons, ainsi que d'autres régimens
de cavalerie, vinrent tenir garnison à Saumur.
Cet état de choses a duré jusqu'à la fin d'avril ; il fa-
tiguait beaucoup les habitans qu'on semblait trai-
ter en pays conquis : aussi inspiraient-ils une grande

défiance aux autorités qui, ne pouvant digérer l'idée, cruelle pour leur amour - propre, d'avoir complètement ignoré cette affaire, firent impitoyablement arrêter tous les conjurés dont elles purent découvrir l'asile. Ces martyrs de la liberté furent soustraits à leurs juges naturels et traduits aux assises de Poitiers, où on les livra à la hache du bourreau, moins terrible encore que les réquisitoires sanguinaires de cet exécrable Mangin, qui savait trouver dans cette ville des juges dignes de lui. La foi des traités aurait dû cependant les défendre, car leur chef avait conclu une capitulation avec le maire de Saumur; et d'ailleurs ils n'avaient fait aucun mal.

Le général Berton se retira donc avec Pombas, Moreau et Saumon; mais, de plus en plus mécontens de sa conduite, ils l'abandonnèrent bientôt à lui-même. Pombas, Delong et Moreau passèrent en Espagne; quant à Saumon, il ne voulut point s'embarquer avec eux à la Rochelle, et se cacha chez un de ses amis. Il eut le malheur d'être dénoncé par un misérable dont j'ignore le nom.

Le général s'obstina à rester sur le continent, quoiqu'on eût tout préparé sur la mer pour son évasion. S'il s'était rendu en Espagne, comme ses amis l'en pressaient, sa présence dans ce pays aurait pu y amener des résultats plus heureux pour tous les Français qui s'y réfugièrent. Il se cacha, également dans les environs de la Rochelle, chez un de ses amis.

C'est alors que nous conçûmes la pensée de renouer les fils de la conspiration, et de la faire éclater à la Rochelle même. Nous avions tous les élémens convenables sous la main, soit dans les habitans qui sont de vrais patriotes, soit dans la garnison que nous avions gagnée à notre sainte cause. De nouveaux préparatifs furent donc combinés dans la Charente, les autres départemens prévenus qu'on allait agir sur ce point, et toutes nos dispositions arrêtées pour le mois d'avril, malgré la surveillance de Despinois qui ne se douta jamais de rien.

On choisit encore Berton pour le mettre à la tête du mouvement. Le jour de l'exécution ayant été définitivement fixé, il prétendit qu'il n'agirait point sans avoir à sa disposition son habit d'uniforme et son épée. Après de longues et vaines représentations, voyant qu'on ne pouvait vaincre son incroyable et puéril entêtement, l'un de nous se détermina à courir à Brion, chez M. Dazé, le prier de lui remettre ces différens objets. M. Dazé répondit qu'il les avait enfouis dans un bois, puis déterrés pour les transporter ailleurs, et qu'il lui serait de long-temps bien difficile de les retrouver. Malgré cette réponse, le général persévéra dans sa résolution de ne point agir, tant qu'on ne les lui aurait point rapportés. Nouveau voyage. Vingt lieues pour aller, vingt lieues pour revenir. Enfin, les objets se retrouvent après de nombreuses recherches. Mais pendant tous ces retards, la méfiance et la crainte s'étaient emparées des esprits ; à ce point, qu'un sous-officier, dont je ne me rappelle point le nom, et qui se croyait trompé, n'eut rien de plus pressant que de tout dénoncer à son colonel. Aussitôt les autorités de la Rochelle prirent des mesures, et nous échouâmes encore une fois.

On le voit, les faits parlent d'eux-mêmes, ils sont de la plus scrupuleuse exactitude. Le lecteur en tirera sans doute, comme moi, la conclusion que le général a deux fois tout perdu, soit par ses lenteurs, soit par son insouciance et son incapacité. C'est déjà une tâche assez pénible pour un ancien militaire, d'accuser un de ses compagnons d'armes, surtout quand celui-ci a reçu du malheur l'absolution de sa faute. On comprendra de quels divers et douloureux sentimens mon âme est combattue ! Mais dès le début de cet ouvrage, j'ai promis de dire toute la vérité, mon rôle d'historien m'y oblige, je suis fidèle à ma promesse. Je poursuis :

Le général se cacha de nouveau dans les environs de la Rochelle. Bories, Vincent et autres, furent arrêtés. On sait qu'ils périrent victimes de leur noble dévoûment.

La France leur a naguère payé le tribut de ses larmes et de ses regrets. Je ne m'étendrai pas sur leur jugement. Les hommes probes de tous les partis ont convenu que, ne pouvant être considérés que comme non-révélateurs, puisqu'il n'y avait eu aucun commencement d'exécution, ils ne devaient pas être condamnés à une peine aussi sévère.

Toutes les troupes qui étaient cantonnées dans les environs de Saumur furent alors précipitamment dirigées sur la Rochelle. Il ne resta dans la première ville que le régiment de carabiniers. Alors aussi les conjurés, voyant ce point dégagé de ses principales forces, prirent la résolution soudaine d'y tenter un nouvel effort, d'après cette vieille maxime, qu'il faut toujours chercher la victoire sur le même terrain où on l'a laissé échapper. Ils combinèrent leur entreprise de manière à la ramener où elle en était devant le pont Fouchard; avertirent sourdement les villes et les campagnes, et songèrent à gagner une partie du régiment des carabiniers, qui comptaient dans leurs rangs un assez grand nombre de *Carbonari*.

Les conjurés jetèrent malheureusement encore les yeux sur le général Berton. Avec de pareils antécédens, on les taxera peut-être de folie. Mais un général était indispensable, celui de Paris n'arrivait point; et d'ailleurs Berton, qui se trouvait sérieusement compromis, et ne pouvait plus reculer, s'était formellement engagé à suivre nos conseils.

M. Grandmesnil, chargé de se mettre en rapport

avec lui, parvint à découvrir sa retraite, après de nombreuses perquisitions ; lui exposa les motifs de sa mission, et lui fit en outre sentir la nécessité de passer pour l'aide-de-camp du général Berton, et non pour le général lui-même.

Néanmoins, dans une entrevue qu'il eut avec le nommé Volfelde, sous-officier au régiment de carabiniers, et où se trouvaient beaucoup d'autres personnes, dont je dois taire les noms, les premières paroles qu'il prononça furent celles-ci : Je ne veux point vous cacher mon nom. Vous vous trompez si vous me croyez l'aide-de-camp du général Berton ; je suis moi-même le général.

Cette découverte ravit de joie le misérable Volfelde à qui elle facilita les moyens de déjouer la conspiration. Ce traître cachait assez bien son jeu. Il nous donna l'assurance qu'un grand nombre de ses camarades agiraient de concert avec lui, et manifesta le désir de les présenter au général ; ce qui eut lieu en effet par la suite dans différens endroits.

Ces sous-officiers de carabiniers avaient la permission de leurs chefs de chasser aux environs de Saumur, munis de fusils à deux coups, et se mêlaient volontiers avec les bourgeois. J'étais caché moi-même non loin de la ville. J'appris cette circonstance, elle éveilla mes soupçons, et je les communiquai à plusieurs conjurés, qui les rapportèrent au général Berton. Mais il se récria fort, affirmant qu'il était positivement sûr de leur bonne foi, et que l'aide de semblables militaires serait plus utile que celui de beaucoup d'autres. En effet, d'après les discours de Volfelde, il paraissait indubitable que le régiment de carabiniers nous prêtât secours; et même, disait-il, lui seul pouvait opérer le mouvement, animé qu'il était des sentimens les plus patriotiques. Toutes ces assurances me semblaient à moi très-louches, et je m'en défiais encore davantage.

Quand il s'agit d'exécuter une entreprise pareille à celle que nous projettions, il est indispensable de tout décider quelque temps à l'avance. Tous les préparatifs furent donc faits, nos dispositions arrêtées, et le jour de l'agression fixé au 22 juin 1822, de grand matin, jour qui se trouvait un dimanche, ainsi que le 22 février de la même année.

J'acceptai le commandement de toute la partie de l'ouest, depuis Thouars jusqu'à la Loire; mais ne me laissant pas endormir par les belles promesses de Volfelde, je voulus, avant de partir, le voir et lui parler dans une réunion à cet effet.

Cette réunion eut lieu dans la commune de Tuffaux, à une lieue de Saumur. On y dîna. M. Grandmesnil, qui s'y trouvait avec plusieurs conjurés de mes amis, vint me chercher vers les trois heures de l'après-midi. J'entrai dans l'auberge, vêtu en marinier de la Loire. On me pria de me mettre à table, mais je refusai, afin de mieux observer Volfelde, et dis que je prendrai seulement une tasse de café. Je parlai peu, me contentant de lui adresser quelques questions qui paraissaient le troubler, et feignant d'ignorer l'art militaire. Il me répondait à peine, et toujours avec un visible embarras. Il est vrai qu'il n'avait pas l'esprit bien ouvert.

Mais une de mes questions le déconcerta surtout au dernier point.

— « Comment se fait-il, » lui dis-je, « que votre colonel vous laisse la permission de chasser aussi librement avec vos camarades, munis de fusils à deux coups ? » Il balbutia que son colonel ne s'en occupait nullement, et que d'ailleurs ils s'échappaient quelquefois à son insu.

— « Mais, » ajoutai-je, « vous rentrez souvent fort tard, on doit vous surveiller et s'en apercevoir nécessairement. » Pas de réponse. Il acheva de prendre son café, et se retira en emportant son fusil. Avant qu'il ne sortît, « Souvenez-vous, » ajoutai-je, « que c'est un grand honneur de défendre la liberté, et que l'idée de travailler à la gloire et au bonheur de son pays doit faire tressaillir tous les cœurs ! » Il était si troublé qu'il ne répliqua pas un seul mot.

— « Eh bien ! » continuai-je, quand il fut sorti, « vous le voyez, mes amis, Volfelde est un traître ! « Jugez-en par sa confusion. »

Mes amis convinrent que déjà ils s'en étaient défiés à Nantes et à Angers, et qu'il venait de confirmer tous leurs soupçons. Alors je les engageai fortement à lui tendre un piège le lendemain, dans le bois du Feu, près de la métairie de M. Delalande, où il devait se rendre vers les deux ou trois heures du soir. Le moyen était facile : en embuscant une cinquantaine d'hommes dans ce bois, sous prétexte d'une partie de chasse, on se serait emparé de sa personne, ainsi que de ses camarades, et l'on aurait vu du moins quelle contenance ils auraient tenue. Je voulus, en outre, qu'on avertît le général Berton, qui était dans ce moment chez M. Baudrier, de se retirer soit à Nantes, soit à Angers. Car si Volfelde était un espion, comme je le présumais, tout était nécessairement découvert.

Le général, à qui l'on communiqua ces craintes, répondit que cette défiance était injuste, qu'il comptait sur Volfelde et tous ses amis comme sur lui-même, et qu'ayant promis de visiter le domicile de M. Delalande, il ne prendrait, pour y aller, aucune précaution.

En effet, il ne voulut pas même se cacher dans le petit bois taillis, où on le pressa de se réfugier.

TROISIÈME PARTIE.

ARRESTATION ET CONDAMNATION

DU

GÉNÉRAL BERTON.

Le jour même où il fut arrêté, beaucoup de personnes avaient promis de se trouver en armes sur son passage.

Il devait arriver vers les trois ou quatre heures; mais, par une inconcevable folie, il partit de Gène, en bateau, de très-bon matin, s'amusa à pêcher à l'épervier, et ne put arriver que vers les deux heures de l'après-midi, le 17 juin 1822, accompagné de M. Baudrier et d'un marinier, dans la maison indiquée pour le rendez-vous.

M. Delalande l'avait précédé de quelques heures, à l'effet de tout y préparer pour la réunion. Le général dit en entrant : J'ai bien chaud. Voici du poisson frais qui nous servira à dîner.

Presqu'au même instant, Volfelde entra, salua

le général et l'embrassa, comme il l'avait fait trois jours auparavant; ensuite il déposa son fusil dans un coin de la cheminée, et se mit à boire avec lui.

Ils causèrent un quart d'heure ensemble environ. Alors quatre sous-officiers, amis de Volfelde, entrèrent dans la maison, armés également de fusils à deux coups. Celui-ci se leva comme pour aller au devant d'eux, saisit brusquement le sien, et coucha le général en joue, en s'écriant : — « Vous êtes mon prisonnier; si vous bougez de place je vous tue. Je sais que vous avez un pistolet et un poignard, déposez-les sur la table. » Le général obéit. Les camarades de Volfelde, imitant son action, avaient aussi couché en joue MM. Delalande et Baudrier. Ces misérables les firent asseoir tous trois sur un lit, les mains posées sur les genoux, et les tinrent trois quarts d'heure à peu près dans cette cruelle position, en proférant les plus horribles menaces. Il ne leur était pas même permis de remuer une seule main.

— « En croirai-je mes yeux, » dit le général, en s'adressant à Volfelde, « vous un traître! » — « Taisez-vous, scélérat, » répondit-il; « si j'ai paru tremper dans un complot aussi noir, ce n'était que pour vous arrêter. »

A ces mots, il appela plusieurs de ses camarades, cachés autour de la maison, les mit en faction à toutes les portes, et expédia l'un d'eux vers son colonel, M. de Bréan ; car il faut le nommer, puisqu'il a joué un si beau rôle.

Sur ces entrefaites arriva l'infortuné M. Maignan, chez qui cet infâme Woëlfelde avait mangé dix fois. Il fut sommé de ne point avancer, sous peine de mort. M. Maignan, prenant cette menace pour une plaisanterie, fit caracoler son cheval et tomba presque aussitôt percé de deux balles et d'une quinzaine de chevrotines.

— « Autant en adviendra aux autres, s'ils se montrent récalcitrans, » dit froidement son assassin en rechargeant son fusil.

Le marinier, qu'on avait laissé maître de sa personne, ne le considérant que comme plusieurs ouvriers qui travaillaient dans la maison, voulut s'échapper. On lui tira dessus, sans l'atteindre heureusement.

Plusieurs personnes de Saumur, de Gênes et d'autres villes, venaient au rendez-vous; prévenues de la trahison, elles s'empressèrent de se retirer.

Bientôt, tout un escadron de carabiniers se répandit dans la maison. Les chefs avaient le pistolet au point. Berton, Baudrier et Delalande furent garrotés et conduits à Saumur, accablés en chemin, d'injures et de mauvais traitemens.

Descendus au château, on les déshabilla entièrement, et l'on s'empara de leurs effets. Le général lui seul obtint une capote militaire pour se couvrir.

Tant d'atrocités révoltent le cœur. En écrivant cette page honteuse de notre histoire, je ne puis retenir mes larmes et mon indignation contre des soldats français qui se sont méconnus au point de servir aux ennemis de la liberté de gendarmes et de bourreaux.

Les annales des peuples font mention de traîtres et d'âmes vénales, dévoués tous à l'infamie par l'historien ; mais je doute que, parmi tous ces monstres, il en soit un comparable à Woëlfeld. Il les a tous surpassés en bassesse, en perfidie, en cruauté. Dans la même journée, il s'est à la fois rendu délateur, assassin et presque parricide, puisqu'il n'a pas hésité à vouer à la mort l'honnête homme qui l'avait élévé et comblé de ses bienfaits. J'ai nommé le respectable M. Por, employé au Jardin des plantes de Paris, et qui fut condamné à dix ans d'exil.

Parmi les sous-officiers qui tenaient le général Berton en joue, se trouvait un militaire qui avait autrefois servi sous ses ordres. Sur les plaintes que le général lui adressa de son mauvais procédé, il lui en exprima ses regrets, protestant que sa position seule avait pu l'y contraindre ; et, je lui dois cette justice, que seul aussi il refusa les quinze cents francs accordés par le gouvernement à chacun de ses camarades.

Les ecclésiastiques des environs de la commune de Saumur firent une quête, qui s'éleva à la somme de dix mille francs, et en remirent le montant à Woëlfeld pour le récompenser sans doute de sa belle action.

Le lecteur devine de quel œil fut regardé à Saumur le régiment des carabiniers. Des rixes, des duels eurent lieu entre eux et les habitans. Plusieurs carabiniers y succombèrent. On ne les recevait dans aucune maison, et ils ne se présentaient nulle part, sans être traités de lâches et de traîtres. Le ministère, sentant qu'un pareil état de choses pouvait devenir dangereux, les changea de garnison.

Le général Berton rejoignit à Poitiers ses camarades d'infortune. On sait qu'ils ont tous été jugés aux assises de cette ville. Je mentionnerai leurs noms et leur condamnation à la fin de cet ouvrage. MM. Delalande et Beaudrillet, riches propriétaires, furent traduits, avec un nommé Duret, à la cour d'assises d'Orléans ; je parlerai aussi de leur condamnation.

Quant à moi, le désespoir de voir tous mes amis, et en particulier mon beau-frère Tisseau, traduits devant des tribunaux qui ne demandaient qu'à repandre leur sang ; cet horrible désespoir et les perquisitions de tout genre dirigées contre moi par le gouvernement, qui avait même promis une forte récompense à celui qui me livrerait aux mains de la justice, ne m'empêchèrent point de tenter une insurrection dans le pays, pour arracher ces nobles têtes à la haine de leurs persécuteurs. Hélas ! j'échouai dans toutes mes démarches, et il ne me resta plus que la triste consolation de n'avoir abandonné mon projet et mes tentatives qu'après les jugemens rendus et leur exécution consommée.

Le général Berton mourut sur l'échafaud le 6 octobre 1822. Je saisis, avec un douloureux empressement, l'occasion de lui rendre cette justice, qu'il subit son sort avec un grand courage. La noblesse de ses derniers momens doit l'absoudre à tous les yeux de l'inconséquence de sa conduite dans une affaire aussi grave. Il voulut parler au peuple, mais on l'en empêcha.

Le médecin Café, de Saumur, condamné avec le général, se coupa l'artère crurale au moyen d'un bistouri qu'il avait eu l'adresse de cacher, et mourut la veille de l'exécution. Il laissa généreusement une lettre, dans laquelle il prévenait ses bourreaux, que personne ne lui avait procuré cet instrument.

L'estimable M. Saugé fut décapité à Thouars, sa ville natale. Il eut le courage de réunir ses enfans autour de l'échafaud, et leur dit : — « Mes enfans, votre père meurt pour la liberté. Un jour il sera vengé, car elle doit vaincre tôt ou tard! » Son dernier mot fut : *Vive la liberté!*

Le porte-drapeau de Thouars mourut également avec beaucoup de courage.

Voyant alors que tout espoir était perdu sans retour, je me décidai à passer en Angleterre. En butte encore aux poursuites journalières que l'on exerçait contre moi, je frêtai, avec le plus grand secret, un navire, et m'embarquai le 15 octobre 1824, pour Guernesey, où je n'arrivai point sans courir quelques dangers.

Le lecteur ne serait peut-être pas fâché de connaître les diverses vicissitudes de ma vie, après la malheureuse issue de ce grand drame politique ; mais, glissant sur quelques événemens sans intérêt pour lui, et dont je craindrais de le fatiguer, je rapporterai simplement ceux qui se rattachent à l'histoire, et me ramènent à l'époque où je subis à mon tour le jugement que me réservait la cour royale de Poitiers.

Je demeurai peu de temps à Guernesey, et je fis un voyage à Londres, où quelques trames s'étaient renouées. Il s'agissait d'envoyer des secours d'hommes aux constitutionnels d'Espagne. Je ne balançai pas à m'y rendre avec vingt-sept hommes bien armés, dont la plupart étaient condamnés pour délits politiques. Nous arrivâmes à la Corogne, et nous nous disposâmes sans retard à gagner la Bidassoa par mer. Mais les vents devenant contraires, nous ne pûmes assister à cette malheureuse affaire, dans laquelle vingt-sept Français, portant le drapeau tricolore, furent massacrés.

Les débris de cette petite troupe se replièrent sur la Corogne pour y former une légion ; là, nous

nous joignîmes à eux. Nous allâmes ensuite à Lugo, sous les ordres de Morillo et Quiroga. Mais Morillo ayant livré son pays aux troupes françaises, nous nous vîmes dans la nécessité de battre en retraite sur la Corogne où nous supportâmes un siége. Nous parvînmes à nous en échapper, et fîmes une pointe en Portugal ; mais, n'ayant pas réussi dans ce dernier effort, nous capitulâmes à la Guardia.

Les troupes royales violèrent cette capitulation, et nous renvoyèrent en France au nombre de quarante. Nous y fûmes traduits devant la cour d'assises de Toulouse, et tous acquittés. Je renouvelle ici publiquement le témoignage sincère de ma reconnaissance à l'illustre M. Laromiguière qui me défendit avec tant d'éloquence.

On relâcha mes compagnons d'infortune : quant à moi, mes peines n'étaient point finies. Condamné à mort dans l'affaire Berton, j'avais encore à me purger de ma contumace. Je fus donc écroué de nouveau, et conduit peu de temps après devant la cour royale de Poitiers.

Je passe sous silence tous les odieux faits relatifs à ce procès, dans lequel le trop célèbre Mangin mit à nu la perversité de son âme. La France ne les ignore pas, et les a depuis long-temps frappés de réprobation. Je dirai seulement qu'après trois jours de débats, je fus condamné à mort à l'unanimité, et que je n'ai dû la commutation de cette peine en vingt années d'emprisonnement, qu'aux pressantes sollicitations de mes amis, et surtout de ma sœur, qui me forcèrent, pour ainsi dire, de signer ma demande en grâce. Qu'on en croie la parole d'un vieux militaire, criblé de blessures, je ne voulais pas de l'existence à ce prix, et ce ne fut que le troisième jour, au moment de l'expiration du délai fixé par la loi, que je cédai aux prières, aux larmes, au désespoir de ma sœur, de cette sœur adorée que mes infortunes ont conduite au tombeau.

On me transféra dans une maison centrale, avec les criminels de vingt-deux départemens. Je subis dans cet affreux séjour cinq années de souffrances et de privations. Enfin, après bien des démarches, j'obtins ma liberté ; liberté chère dont je ne connus pas d'abord tout le prix, perdu que j'étais, dans un monde où je n'avais plus ma sœur pour me consoler, et dont aujourd'hui j'emploie tous les instans à pleurer sans crainte sur le sort des courageux patriotes qu'une infâme trahison a livrés à la hache du bourreau.

Maintenant ma tâche est remplie. Je m'étais imposé le devoir de mettre au jour quelques détails ignorés de cette grande et malheureuse entreprise. Je ne terminerai pas cependant ce pénible travail, sans manifester le desir de voir le gouvernement actuel récompenser, d'une manière éclatante, les victimes, ou les descendans des victimes de la liberté. Il existe des veuves, des enfans, dans la misère. Je voudrais qu'on leur tendît une main généreuse. Il faudrait si peu pour alléger leurs souffrances, et ranimer un dernier espoir près de s'éteindre. Ce serait une justice ; j'ai presque dit un devoir. Quelques-uns de ces patriotes ont, il est vrai, obtenu des emplois, mais il en est d'autres, et c'est le plus grand nombre, qu'on a cruellement repoussés.

Voici la liste exacte des victimes de la grande affaire de Saumur.

Les premières victimes qui furent sacrifiées, avant même l'affaire du général Berton, furent les nommés *Sirjean*, condamné à mort par le conseil de guerre, à Tours ; *Coudert* et *Mathieu*, condamnés à cinq ans de prison ; et *Maurice*, condamné à deux ans.

La découverte de cette affaire fut l'effet d'un hazard bien malencontreux. Un incendie se manifesta à Saumur, dans la maison d'un nommé Petor : dix-sept militaires, qui fesaient partie de la conspiration, furent écrasés sous le pignon de la maison en feu, et c'est dans les poches de plusieurs, que l'on trouva les indices de la conspiration, et qu'on apprit que les quatre malheureux sous-officiers, dont je viens de parler, en fesáient partie.

CONDAMNATIONS

DANS

L'AFFAIRE DU GÉNÉRAL BERTON.

1° *Berton* (Jean-Baptiste), général, condamné à mort et exécuté le 6 octobre 1822.

Nota. Pendant qu'on le conduisait au supplice, il ne cessait de crier *Vive la Liberté! Vive l'Indépendance! Vive la France!* Il refusa les secours de la religion, parce qu'il pensait sans doute que ces secours ne sont l'apanage que du criminel. Ses deux fils ont en vain sollicité du pouvoir la permission de l'embrasser avant de mourir. Arrivé au lieu du supplice, il a regardé l'instrument fatal avec un calme et une résignation vraiment remarquables. Il est donc mort avec un grand courage, quoiqu'un rapport du temps ait suivi une toute autre version.

2° *Café* (Pierre), chirurgien-major, médecin à Saumur, étant condamné à mort, s'ouvrit la veine crurale, la veille de l'exécution, en présence d'un prêtre, à qui il dit : C'est fini ...... Il ne demanda que ce prêtre, le seul homme qu'il pût voir dans un moment si difficile, que pour lui remettre une lettre à sa chère épouse, dans laquelle il lui adressait de tendres adieux, implorait le pardon des peines qu'il lui avait causées, et lui recommandait son fils, âgé de cinq ans. Il est mort portant au cou un ruban bleu, auquel tenait une lettre de sa femme, qu'il conservait nuit et jour sur son cœur. On se fera une idée de la cruauté qu'exerçait alors le ministère public, puisqu'il n'avait pas permis à ce malheureux de voir sa femme avant de mourir.

L'estimable Café eut encore la prévoyance, dans la crainte de compromettre quelqu'un, d'affirmer que lui seul avait su conserver l'instrument avec lequel il se donna la mort.

Ce fut une perte pour la société, car c'était un homme d'un grand caractère et d'un rare mérite.

3° *Saugé* (Guillaume), propriétaire à Thouars, condamné à mort, exécuté le 7 octobre 1822. Un instant avant sa mort, il demanda ses deux enfans et voulut faire un dernier repas avec eux. Rien ne l'intimida, pas même en considérant le fatal instrument de sa destruction. Il n'encria pas moins continuellement, Vive la liberté! Vive la république! Assurant que tôt ou tard, cette liberté triompherait du despotisme; et ses cris n'ont cessé qu'en perdant la vie.

Il est mort avec un courage sublime. Il recommanda à ses enfans de suivre son exemple et de ne jamais fléchir....

4° *Jaglin* (François), ancien militaire. Il est mort avec courage. Il fut victime de son dévouement, comme ayant porté le drapeau tricolore.

5° *Fradin* (Henri-Modeste), médecin à Parthenay, condamné à mort et commué à 20 années de prison.

6° *Senechaud* (François), propriétaire, condamné à mort, commué à 15 années de prison.

7° *Alix* (Jules-Louis), ex-colonel d'état-major, chevalier de la légion d'honneur, condamné à 5 ans de prison, 2,000 francs d'amende.

8° *Ferail* (Joachim-Pierre-Marie), à 5 ans de prison, 2,000 francs d'amende.

9° *Ledein* (Hyacinthe), médecin à Parthenay, à 5 ans de prison, 2,000 francs d'amende.

10° *Lambert* (Robert-Augustin), 5 ans de prison, 2,000 francs d'amende.

11° *Ricque* (Joseph), chirurgien à Parthenay, 5 ans de prison, 2,000 francs d'amende.

12° *Sauzais* (Louis), riche propriétaire, 5 ans de prison, 2,000 francs d'amende.

13° *Beaufils* (Edouard), clerc de notaire, à 5 ans de prison, 2,000 francs d'amende.

14° *Coudray* (Vincent-Louis-Armand), à 5 ans de prison, 2,000 francs d'amende.

15° *Normandin*, trois ans de prison, 5o francs d'amende.

16° *Meunier* (Jacques), trois ans de prison, 5o francs d'amende.

17° *Prier* (Henri), trois ans de prison, 5o francs d'amende.

CONTUMACES.

18° *Gauchais* (Jean), colonel, à mort.

19° *Delong* (Honoré-Édouard), lieutenant d'artillerie, à mort.

20° *Moreau* (Louis), lieutenant de hussards, à mort.

21° *Rivereau* (Jean-Jacques), capitaine, à mort.

22° *Pombas* (Jean-Pierre), capitaine commandant la garde nationale de Thouars, à mort.

23° *Grandmesnil*, ex-chirurgien à l'armée, à mort.

24° *Chauvet* (François), ex-professeur au Lycée d'Angers, à mort.

25° *Chappey* (Louis), propriétaire, à mort.

26° *Cossin* (Félix), riche propriétaire à Nantes, à mort.

27° *Heureux* (Julien-Toussaint-Victor), propriétaire, maître de poste à Nauzé, à mort.

28° *Saunion* (Charles), ex-gendarme d'élite de la garde impériale, propriétaire à Thouars, à mort. Il a été arrêté, jugé de nouveau à Poitiers, et deux ans après, son jugement a été confirmé ; mais sa peine a été commuée en celle des fers à perpétuité, et conduit aux bagnes de Brest où il est resté quinze mois ; il a été définitivement grâcié. Mais cela n'a pas empêché ses parens de s'emparer de son bien, qui se montait à 30 ou 40,000 francs.

29° *Dufresne* (Claude - Olivier), fermier de la Forge de la Payratte, à cinq ans de prison.]

30° *Joreau* (Urbain - Théodore), chirurgien, à cinq ans de prison.

31° *Metay* (Augustin), à   de prison.
32° *Caillaud* (François)   *Id.*
33° *Thiebault* (Joseph)   *Id.*
34° *Marchais* (Pierre),   *Id.*
35° *Chetiveau* (César-Auguste),   *Id.*

36° *Jourdin*, ex-capitaine retraité, demeurant à Saumoussay, n'a pas été mis en prison ayant pris la fuite.

37° *Duvau*, riche propriétaire   *Id.*
38° *Auyer* (Jean dit Farine),   à la prison.
39° *Civray* (Jacques)   *Id.*
40° *Delavau* (Jérôme),   *Id.*
41° *Fradin* (François-Benjamin),   *Id.*
42° *Jacquelin* (François),   *Id.*

43° *Laiguelot*, condamné à la prison.

44° *Marguet* (Vincent-Pierre), *Id.*

45° *Masse* (Julien), *Id.*

46° *Meunier* (Jacques), *Id.*

47° *Nonet* (René), offi. du train d'artill. *Id.*

48° *Normandin*, *Id.*

49° *Prier* (Henri), *Id.*

5o° *Deligny*, *Id.*

5i° *Bigot* (Jacques-Élie), receveur de l'octroi à Thouars, *Id.*

52° *Marillet* (Ferdinand), *Id.*

53° *Samson* (Jean), *Id.*

54° *Baudet* (Louis-Marie), *Id.*

55° *Corneau* (Pierre), *Id.*

56° *Godeau* (Henri), *Id.*

57° *Malecot* (Augustin), ancien cuirassier, *Id.*

58° *Michin* (Jean), officier en retraite, membre de la Légion-d'honneur *Id.*

59° *Milasseau* (Pierre-Louis), *Id.*

60° *Pellier*, ancien militaire, membre de la Légion-d'Honneur, *Id.*

6i° *Lagrange* (Claude) *Id.*

62° *Barré*, *Id.*

63° *Bouchereau*, *Id.*

64° *Berthelot*, *Id.*

65° *Boudier*, *Id.*

66° *Gerfaux*, *Id.*

67° *Guillon*,   *Id.*
68° *Por*,   *Id.*
69° *Petit*,   *Id.*
70° *Vallée*,   *Id.*
71° *Borne*,   *Id.*
72° *Voulard*,   *Id.*
73° *Carteau*,   *Id.*
74° *Marlet*,   *Id.*
75° *Civrai*, ancien militaire, chevalier de la Légion-d'Honneur,   *Id.*

Les dix-neuf personnes ci-dessous ont été mises hors de cause, mais elles n'en ont pas moins resté six et sept mois dans les prisons, et, par cela même, elles ont dû nécessairement porter, dans le sein de leurs familles, le deuil et le désespoir.

MM.	MM.
Aiguillon.	Bastien.
Aillet.	Constant.
Cayault.	D'aubenton.
Demares.	Guesnault.
Drouin.	Vincent,
Gravelot.	Darnault.
Merceron.	Tisseau-Gauchais.
Senechault.	Meunier.
Raveneau.	Roule, ex-colonel.
Beaugé.	

JUGEMENS

*Du conseil de guerre de Tours qui se rattachaient
à l'affaire Berton.*

Sirjean, sous-officier, condamné à mort, exécuté à Tours.

Coudert, *Id.* à cinq ans de prison.

Mathieu, *Id.* à cinq ans de prison.

Un autre sous-officier.

AFFAIRE DE LA ROCHELLE.

Raoul, Bories, Pommier, Goubin, sous-officiers,
condamnés à mort, exécutés à Paris.

Ils ont été jugés à Paris par la Cour d'assises.

Je tais le nom du misérable qui eut la lâcheté de
dénoncer l'affaire à son colonel.

AFFAIRE D'ORLÉANS.

Baudriller (Réné), négociant et propriétaire,
ondamné à mort, commué à vingt ans de prison.

Rousseau (Réné), négociant et propriétaire, condamné à mort, contumace.

Duret (André), propriétaire, condamné à mort, commué à vingt ans de prison.

Fournier, avocat à Saumur, condamné à mort, contumace.

Poullain, propriétaire à Angers, condamné à mort, contumace.

Por, employé au jardin des Plantes, condamné à dix ans de prison ; c'est cet estimable homme dont j'ai parlé dans mon ouvrage et qui était un second père pour Woëlfel, qui n'a pas craint d'être son dénonciateur.

Delalande (Pierre-Réné), notaire et propriétaire, chez lequel Berton fut arrêté, condamné à cinq ans de prison.

Je ne parlerai point des personnes qui ont été condamnées à Nantes et autres endroits, cela, étant hors de mon sujet, quoique ce soit de la même affaire.

PARIS. — AUGUSTE MIE, IMPRIMEUR
RUE JOQUELET, N° 9.

ERRATA.

Page 19, ligne 20 : lisez d'un sous-lieutenant, d'un sergent,
d'un caporal, au lieu d'un sous-lieutenant, d'un
caporal.

22, ligne 16 : lisez 108 millions, au lieu de 176
millions.

39, ligne 28 : lisez Saunion, au lieu de Saumon.

45, ligne 9 : lisez *id.* *id.*

54, ligne 8 : lisez *id.* *id.*

55, lig. 16, 19 : lisez *id.* *id.*

60, lignes 4, 21 : lisez Voëlfel, au lieu de Volfelde.

62, lignes 13, 17 : lisez *id.* *id.*

64, ligne 22 : lisez *id.* *id.*